KB214312

낮은 자의 하나님을 만나는

중근동의 눈으로 읽는 성경

낮은 자의 하나님을 만나는

중근동의 눈으로 읽는 성경

김동문 글 | 신현욱 그림

지금까지 힘 있는 남성의 눈으로 성경을 읽고 화려함과 성공을 보장하는 하나님을 말해 왔다면, 김동문 목사가 쓴 『중근동의 눈으로 읽는 성경』은 여성, 흙수저, 나그네, 포로, 마이너리티들의 눈으로 성경을 봄으로써 이들의 빼앗긴 삶의 자리에 임하신 낮은 자의 하나님을 만나도록 안내해 주는 책이다. 이 책의 장점은 30여 년 동안 중동에서의 경험을 바탕으로 낮은 자들을 향한 저자의 연민의 시선과 신현욱 목사의 현실을 반영한 재치 있는 그림이 어우러져 의복, 음식, 기후 등 구약성경 속 문화 이해와 함께 '하나님의 형상'인 인간을 이해하도록 도와준다. 이 책은 성경 읽기가 메마르고 식상하게 느껴지는 사람들, 하나님은 잘되고 힘 있는 자들 편이라고 고뇌하는 사람들에게 '사막의 오아시스'와 같은 감동을 선사해 줄 것이다.

강호숙 | 웨스트민스터신학대학원대학교 교수

어쩌면 우리 시대는 한글로 번역된 성경이 너무 쉽게 읽혀서 문제일 수도 있다. 성경은 우리가 읽으라고 쓰인 책이 아니라 고대 이스라엘 사람들과 상황을 일차 독자로 쓰인 책이기에 기본적으로 이 책을 읽을 때는 낯설어하는 것이 당연하고 그래야 할 것이다. 저자는 '낯설게 읽기'를 통해 구약의 그 낯선 시대를 찾아가며, 당연한 듯이 여겼던 표현과 상황이 전혀 당연하지 않고 예상 밖임을 곳곳에서 보여준다. 읽고 따라가기 즐거운 만화를 통해 전달되는 고대 이스라엘의 일상에 대한 풍성한 자료도 매우 유익하지만, 이 책 전체에서 드러내는 '낮은 자의 하나님'이라는 주제 역시 묵직하고 깊게 울린다. 구약을 읽을 때 가까이 두고 참고하면서 상상해 보기 아주 적합한 책이다.

김근주 | 기독연구원 느헤미야 교수

성경은 예속에서 벗어나 자유를 향해 떠나는 사람들의 이야기인 동시에 그들의 삶에 연루되기를 꺼리지 않으시는 하나님의 구원 이야기다. 모든 사상과 텍스트는 탄생의 맥락이 있다. 맥락을 이해하는 순간 성경은 근엄한 경전의 옷을 벗고 구체적인 삶의 이야기로 전환된다. 여기 성경이라는 강물 위에 놓인 열여덟 개의 징검돌이 있다. 경험 많은 저자가 정성껏 심어놓은 이 돌을 하나씩 딛고 앞으로 나아가다 보면 우리가 마땅히 가야 할 길이 보일 것이다.

김기석 | 청파교회 담임목사

요셉의 옷, 1톤의 메추라기, 에훗의 왼손 등 중동에서 반생 이상의 삶을 산 저자에게는 그 땅의 코드로만 읽혀지는 성경의 내용들이 있다. 그런 통찰(insight)을 많은 이들이 공유할 수 있도록 평이하게 풀어 서술해 준 노력이 고맙다. 비좁은 성막, 딱딱하게 굳은 떡을 먹는 제사장 등 고대 이스라엘의 신앙이 지닌 소박함의 경건을 본 저자의 시각이 귀하고, 그림을 통해 접근을 돕고자 한 것 또한 좋은 시도라 여겨진다.

박성현 | 고든콘웰신학대학원 보스턴 캠퍼스 학장

성경이 쓰인 중근동의 지리와 문화와 역사는 대단히 방대하다. 그래서 이 현장을 생생하게 체험해 온 김동문 목사의 글은 언제나 기대된다. 이 책은 엄청난 성경의 무대를 저자가 직접 발로 걸어보고, 손으로 만져보고, 귀로 듣고, 눈으로 확인한 소중한 경험이 담겨 있다. 책을 보며 성경 속 땅을 연구해 온 학자로서 저자의 열정에 진심으로 감탄한다. 특히 낯선 중근동의 문화를 독자들에게 쉽게 전달하기 위해 그림으로 함께한 신현욱 목사의 노력이 돋보인다. 이 책은 한국 교회에서 성경을 연구하는 목회자는 물론, 어린이부터 장년에 이르기까지 모두 성경을 쉽고 재미있게 이해할 수 있는 책으로 적극 추천한다.

이강근 | 예루살렘 유대학연구소장

한 집단의 사유와 행동 양식을 이해하기 위해서는 그 집단이 학습하고 전달한 문화적 특성을 이해하는 것이 필수 조건이다. 이 책의 저자는 21세기의 한국 독자들에게 기원전 수세기 유대인이 쓴 구약성서를 이해하는 데 꼭 필요한 문화적 차이와 시간적 간극을 멋지게 이어주기에 가장 적합한 전달자 역할을 수행하고 있다.

최창모 | 건국대학교 중동연구소장

30여 년간 이스라엘 주변 중근동 지역에서 사역한 김동문 선교사가 '낯설게' 읽은 구약성경을 신학도요, 빼어난 화가인 신현욱 목사의 유쾌한 그림으로 형상화

한 새로운 시도의 성경 해석이다. 구약성경은 우리를 위해(향해) 쓰인 하나님 말씀이지만, 직접 우리에게 쓰인 책은 아니다(for us, but not to us). 당시와 그곳의 삶을 알아야 이해될 수 있는 책인 것이다. 그곳 지역에서의 경험을 바탕으로 당시 성경 시대의 삶을 입체적으로 보여주려는 노력이 현대 풍미에 맞는 신선하고 재미있는 그림으로 사랑스런 옷을 입게 되었다. 그러면서 이 책은 낮은 곳에 있는 이를 만나주시는 하나님의 깊고 따뜻한 사랑을 전해 준다. 성경을 사랑하는 독자들에게 큰 기쁨을 선사할 책이라 믿어 의심치 않는다.

현창학 | 합동신학대학원대학교 교수

성경을 읽을 때 우리가 꼭 알아야 하는 부분이 그 당시 역사의 배경과 문화다. 그 배경을 알 때 우리는 하나님께서 말씀하신 것들을 확실하게 이해할 수 있다. 이 책을 통해 더욱 여호와 하나님이 하신 말씀들이 오늘 우리의 삶에 강력하게 심어지길 바란다. 또한 오랫동안 다음 세대를 위하여 사역해 온 신현욱 목사의 그림은 모든 연령의 독자들에게 큰 도움이 될 것이라 확신한다.

홍민기 | LightHouse Movement, 브리지임팩트사역원 대표

낯설게 만나는 성경

익숙한 성경을 낯설게 읽어 내려가면 전혀 새로운 성경을 만날 수 있다. 그러기 위해서는 먼저 성경을 읽는 내가 살아가는 시대의 편견과 오해를 버려야 한다. 편안하고 자유롭게 해석하고 적용하던 독자 전지적 시점도 버려야 한다. 그렇게 '낯설게 읽기'를 하면 새로운 성경이 우리를 기다린다.『중근동의 눈으로 읽는 성경』은 독자들이 성경을 '낯설게 읽기'를 할 수 있도록 작은 도움을 주기 위해 기획되었다.

성경이 처음 기록된 현장, 성경을 처음 읽었던 이들이 살았던 현장으로 가 보면 말과 글로 기록되어 오늘날 우리 손에 들려 있는 성경이 대단히 낯설게 다가올 것이다. 성경은 우리가 이해하기에 꽤나 낯선 문화, 낯선 역사, 낯선 언어, 낯선 음식 등이 가득한 땅에서 살아갔던 사람들과 그들의 삶이 담긴 책이기 때문이다. 그래서 성경의 문자 너머 이야기 속으로 들어가 그들의 삶의 자리로 들어가 보는 낯설음이 필요하다.

이 책은 '그 때 그 자리'로 다가서고자 했다. 독자들과 함께 고대 메소포타미아와 나일 강 문명의 현장과 그 거대한 문명의 틈바구니에서 이런저런 모습으로 살았던 히브리 민족의 삶의 형편을 찾아보려고 한다. 고대 중근동의 세계관, 신화, 언어, 의식주, 문명과 문명 사이의 차이 등을 만나면서 성경 시대의 눈으로 성경을 다시 펼쳐보고자 한다.

지난 30여 년간 이스라엘 주변 중근동 지역에서 먹고 마시며 그곳 사람들과 함께했다. 우리와 다른 그들 속에 머물면서 수많은 낯설음에 직면해야 했다. 그 가운데 익숙하게 알고 믿어 왔던 하나님이 아닌 전혀 새로운 하나님을 발견하게 되었다. 성경이 쓰인 시대를 살아갔던 그들의 삶의 현장을 함께 살아보면서 만난 새로운 하나님은 다소 의외였다. 내가 보지 못했고 듣지 못했고 느끼지 못했던 그 하나님은 바로 '낮은 자의 하나님'이었기 때문이다. 사람 취급 받지 못했던 흙수저 인간이 하나님의 형상이자 왕 같은 존재들이라고 선언하는 하나님이었다. 심지어 흙수저 같은 사람 축에도 끼지 못했던 여자에 대해서도 차별 없이 하나님의 형상이라고 일갈

하는 하나님이었다. 투명인간처럼 사라져 갔을 사람들에게 주목하는 하나님이었다. 남들에게 영웅처럼 여겨졌던 인물의 명성이 아니라 그 뒤에 숨겨진 남모를 아픔을 감싸 주시는 하나님이었다.

이 책을 통해 요르단에서, 이집트에서, 이스라엘과 팔레스타인에서, 광야에서, 식민지에서 포로 생활과 종살이를 했던 그들과 함께하셨던 하나님이 오늘 우리의 자리에 함께하신다는 것을 발견하기를 바란다. 흙 같은 인생이기에, 여자이기에, 나그네이기에, 종과 포로이기에, 식민지의 백성이기에, 아들과 딸이기에 저항하지 못하고 체념했으며, 그것을 운명이라고 여겼던 이들을 신과 같은 존재로 회복시키시는 하나님을 만나기를 기대한다. 그 하나님이 오늘 우리에게도 다시 나타나시기를 소망한다.

이 책은 성경을 느끼면서 읽는 다양한 시도 중 하나다. 특별히 성경 속 사람들이 자리한 시공간의 한계 속에서 선포된 말씀, 기록된 말씀을 입체적으로 그려내는 책이다. 그래서 이 책은 글에 그림을 더해 말씀이 입체적으로 다가오도록 했다. 수백 컷의 그림으로 성경을 그려내는 수고를 해준 신현욱 목사에게 큰 고마움을 전한다. 신현욱 목사의 노고가 아니었으면 이 책이 세상에 나올 수 없었을 것이다.

이제 이 책은 글쓴이의 것도 아닌, 그린이의 것도 아닌 온전히 책을 읽는 독자의 것이다. 각자의 삶이 투영된 묵상의 여정에 작은 도움이 될 수 있다면 이 책의 소임은 충분히 다한 것이다.

2018년 11월

LA의 스타벅스 창가에서 **김 동 문**

차례

창세기는 고대 중근동의
문명을 향해 이렇게 선언하고 있다.
인간은 땅을 일구며 평생 죽어라
일만 하는 운명의 존재가 아니다. 인간이
노동의 운명을 타고난 존재라고 말하는
신화와 이념은 거짓이다. 인간은 하나님과
같은 형상이며, 왕이자 제사장이고 안식을
마음껏 누려야 할 존재다.

인류를 향한
첫번째 권리 선언

인간은 죽도록 일만 해야 하는 운명인가?

여호와 하나님이 땅의 흙으로 사람을 지으시고
생기를 그 코에 불어넣으시니 사람이 생령이 되니라

창세기 2:7

메소포타미아 곳곳에는 신과 왕의 형상이 가득했다. 그림, 조각, 동상 등 가능한 모든 것으로 수많은 '상像'을 만들었다. 사람들이 신과 왕을 기리기 위해 만들었지만, 만들어지는 순간 그 형상은 진짜 '신'이 되고 '왕'이 되었다. 그 누구도 함부로 훼손할 수 없는 고귀한 존재였다.

이런 시대를 살던 사람들에게 하나님은 흙으로 사람을 지으시고 코에 생기를 불어넣으시고 자신의 형상대로 남자와 여자를 창조하셨다고 말씀하신다. 우리에겐 익숙하지만, 그 말을 처음 들은 고대 중근동 사람들에게는 어떤 의미였을까?

고대 메소포타미아는 다신교 사회였다. 지위가 낮은 신들은 노동을 하고, 높은 신들은 편안히 쉬었다. 하위 신들은 유프라테스 강의 범람으로 막혀 버린 강과 수로의 진흙을 퍼내야 했다. 흙을 퍼내고 농사를 짓는 일은 신들에게도 고된 노동이었다.

지혜의 신이라 불리는 엔키는 진흙에 신의 피와 정액을 섞어 인간을 만들고 고된 노동을 그들에게 대신 시켰다. 메소포타미아에서 인간은 신들도 감당하기 힘든 노동을 대신하기 위해 만들어진 존재 그 이상도 이하도 아니었다.

이런 세계관은 신의 화신이자 대리자인 왕에게 절대 권력을 주었다. 철저한 신정 국가였던 메소포타미아에서 인간은 날 때부터 신의 지배를 받아야 했고, 신적 존재인 왕의 가르침과 다스림이 필요한 그저 잠재적인 반역자들일 뿐이었다.

그래서 고대 메소포타미아와 이집트 사람들은 자신들을 날 때부터 죽어라 일만 해야 하는 운명적 존재라고 여겼다. 또 자신들이 고되게 일한 덕에 왕과 귀족들이 편하게 쉬면서 좋은 것을 먹고 마시는 것도 당연한 일로 받아들였다.

"네가 흙으로 돌아갈 때까지 얼굴에 땀을 흘려야 먹을 것을 먹으리니 네가 그것에서 취함을 입었음이라 너는 흙이니 흙으로 돌아갈 것이니라 하시니라" 창세기 3:19 이 말씀이 당시 사람에게는 얼마나 현실적으로 들렸을까?

여성의 존재는 더욱 미미했다. 메소포타미아 설화에서 여성의 창조가 분명히 드러나는 곳은 없다. 여성이란 그저 근원도 없는 존재, 어쩌다 생긴 존재로만 여겨질 뿐이었다. 그런데 고대 문서 중 유일하게 창세기는 여성을 남성과 동등한 존재라고 밝히고 있다.

"하나님이 자기 형상 곧 하나님의 형상대로 사람을 창조하시되 남자와 여자를 창조하시고" 창세기 1:27 고대 중근동은 남자들에 의해 만들어진 사회이면서 남자들만 주도하고 존중 받는 문화였다. 그런 가운데 여호와 하나님은 철저하게 소외된 이의 대명사였던 여자를 남자와 동등한 존재로, 존중 받는 존재로 창조되었다고 말씀하신다.

신 중심의 문명에서 살아가던 사람들에게 인간이 하나님의 형상이라는 말씀은 어떤 의미로 다가왔을까? 여기에는 여호와 하나님의 형상인 인간을 훼손하는 행위에 대해 본체이신 여호와가 징벌하시리라는 선언이 함께 담겨 있었다.

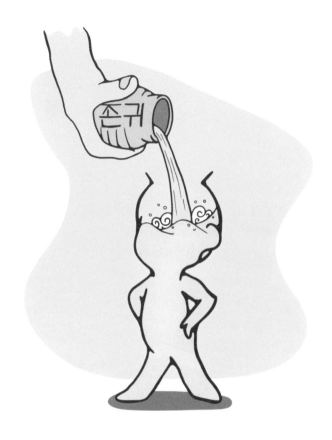

창세기는 고대 중근동 문명을 향해 이렇게 선언하고 있다.
"인간은 땅을 일구며 평생 죽어라 일만 하는 운명의 존재가 아니다. 인간이 노동의 운명을 타고난 존재라고 말하는 신화와 이념은 거짓이다. 인간은 하나님과 같은 형상이며, 왕이자 제사장이고 안식을 마음껏 누려야 할 존재다."

충성

그리고 그분의 형상으로 인간을 창조했다고 선언하신 하나님은 완전히 새로운 질서를 말씀하셨다. 바로 평범한 인간에게 하나님의 정원인 에덴동산을 관리하라고 명하신 혁명적 사건이다. 고대 중근동에서 신의 집을 관리하는 것은 오직 왕과 제사장의 권한이기 때문이다.

메소포타미아의 신들은 승리의 대가로 그들의 집인 신전을 차지했다. 그리고 신의 대리자인 왕과 제사장을 통해 신전을 헌납 받았다. 이 신전에는 왕이나 제사장 같은 특권 세력만 출입할 수 있었다.

신전은 철저히 구별되었고, 일반 백성과 신의 만남은 상상할 수 없었다. 신을 만나기
위해 신전에 가고 싶어도 들어갈 수 없기 때문이다. 신은 평범한 인간을 위해 어떠한
장소도, 시간도, 만남도 허락하지 않았다.

차 한 잔 하자~
나 쿠폰 받은 거 있어…

아… 그게…

되게 부담스럽게
다가오시네요?

그런데 창세기의 여호와 하나님은 어느 곳에 신전을 두라고 명령하지 않으셨다. 오히려 직접 인간을 찾아다니시며 자신을 만나 달라고 말씀하신다. 문을 두드리면서 말을 걸고, 일상을 공유하자고 요청하신다.

여호와는 사람들과 더불어 함께하는 자리를 찾아다니는 존재다. 신전이나 성 안의 안락한 자리가 아닌 들판이나 산과 골짜기 그리고 광야를 떠도는 분이다. 떠돌아다니는 나그네로 계시면서 갈 바를 알지 못하는 사람들을 깊이 이해하고 끌어안는 분이다.

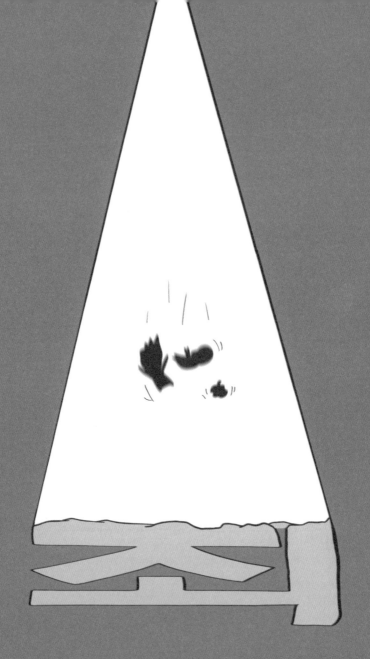

아담과 하와는 하나님으로부터 에덴동산의 관리를 위임 받은 존재였다. 그러나 타락
으로 인해 그들은 에덴동산을 떠날 수밖에 없었다. 어마어마한 영광의 순간이 물거품
이 되고 나락으로 떨어진 것 같았다. 쉼 없이 일해야만 살 수 있는 삶이 된 것이다.

그러나 성경은 그렇게 끝맺지 않는다. 실패로 막을 내리는 비극이 아니었다. 첫 장을 넘겼을 뿐이다. 이제 다른 시작, 일상을 살아가는 이야기가 펼쳐지는 것이다. 잃어버린 정체성을 찾고 빼앗긴 삶의 자리를 찾아가는 새로운 출발이었다.

유프라테스 강의 진흙을 퍼내던 그들처럼 쉼 없이 일해야 할 운명인 것 같지만, 그래서 나락으로 떨어진 것 같지만 그렇지 않았다. 오히려 인간이 지음을 받은 이유와 본래의 자리로 돌아가야 할 이유를 깨닫는 전환점이 되었다.

하나님의 형상대로 창조된 삶, 그분의 대리자로서의 삶, 왕 같은 제사장으로 사는 삶의 여정이 시작되었다. 일상을 살아가면서 다듬어져서 마침내 그 자리를 회복하는 삶을 살 자격이 주어진 것이다.

여호와 하나님은 이 땅에서 왕에게 충성하며 죽을 때까지 일만 하고 살아야 할 운명이라 믿었던 이름 모를 사람들에게 찾아오셨다. 그리고 너는 하나님의 형상대로 지어진 존재이며, 하나님의 안식을 누릴 가치가 있는 존재라고 말씀하신다.

인간의 정체성에 대한 창세기의 이야기는 고대 메소포타미아의 종교적·정치적 관점에서 볼 때 심각하게 불온한 사상이자 체제에 대한 도전이었다. 그런데 오늘날 우리에게 주어진 삶의 자리를 있게 만든 것이 그 이야기다. 이제 그 불온하고 도전적인 성경 읽기를 시작해 보자.

광야의 유목민
아브라함이 보여 주었던
낯선 이들에 대한 환대가 그 당시의
당연한 문화라고 생각하는 것은
큰 오해다. 적어도 창세기부터 사사기에
이르기까지 낯선 나그네를 환대하기보다
경계하고 천대한 나머지
목숨까지 위협하는 장면이 훨씬 많고
당연한 반응이었다.

오늘은 환대,
내일은 천대

광야의 아브라함 그리고 소돔과 고모라

내가 떡을 조금 가져오리니
당신들의 마음을 상쾌하게 하신 후에 지나가소서
당신들이 종에게 오셨음이니이다
그들이 이르되 네 말대로 그리하라

창세기 18:5

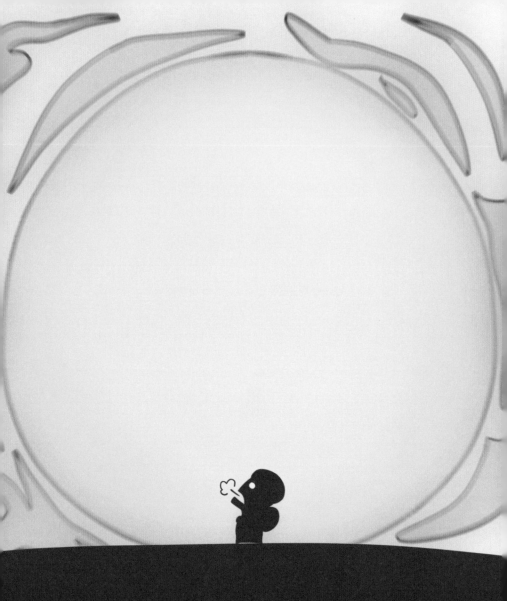

중근동 지역에서 뜨거운 정오 무렵의 이동은 금기사항이다. 광야에 내리쬐는 정오의 태양은 계절과 상관없이 위협적이기 때문이다. 날이 뜨거워지기 전 이른 아침 길을 떠나 정오 무렵에는 나무 그늘에 앉아 쉬며 한낮의 더위를 피해야 했다.

세 명의 나그네(세 천사)는 광야의 상식과 달리 날이 뜨거울 때 아브라함 앞에 나타났다. 아브라함도 뜨거운 태양을 피해 자신의 장막 문어귀에 앉아 있을 때였다. 아브라함은 가장 뜨거웠을 그 시간에 눈앞에 나타난 세 사람을 보자마자 달려 나갔다. 그리고 땅에 바짝 엎드려 절을 했다.

아브라함은 마실 물도 귀한 광야에서 물을 가져다가 나그네의 발을 씻겼다. 흔히 요즘 세족식을 하는 것처럼 쉽게 할 수 있는 행동이 아니다. 하지만 아브라함은 나그네를 환대하는 중요한 의식을 최선을 다해 행하고 있었다.

아브라함의 환대는 여기에서 그치지 않는다. 음식을 조금 가져 오겠다고 말하고는 고운 가루 세 스아Seah로 반죽을 해서 떡빵을 굽기 시작한다. 고운 가루는 밀가루로, 당시 중근동에서는 가장 귀한 재료였다. 게다가 빵을 굽기 위해 준비한 밀가루의 양도 범상 치 않다. 한 스아의 밀가루는 약 7.3리터이므로, 세 스아는 22리터 정도이고 무게로는 대략 13킬로그램이다.

보통 중근동 지역 유목민들이 작은 크기의 밀전병 하나를 만드는 데 사용하는 밀가루 는 50그램 정도. 13킬로그램의 밀가루는 밀전병 300개 정도 만들 수 있는 분량이 다. 세 천사와 아브라함이 먹을 수 있는 정도의 양이 아니다. 음식을 조금 가져오겠다 던 아브라함은 엄청난 양의 빵을 준비한 것이다. 왜 그랬을까?

게다가 이 많은 양의 빵을 어떻게 구웠을까? 유목민들은 들판에서 주운 마른 관목의 가지나 잎을 태워 숯불을 만들어 사용했다. 이집트에서 수입한 화덕을 사용하든 전통 방식으로 빵을 굽든 모두 숯불이 필요했다. 마른 싯딤나무나 종려나무의 가지도 사용했을 것이다. 어쨌든 많은 양의 빵을 굽기 위해서는 평소보다 훨씬 많은 숯불이 필요했다.

급하게 나무를 모아 숯불을 피우지만, 집안에서 사용하던 가정용 화덕만으로는 그 많은 양의 빵을 빠르게 구워내기 어려우므로 야전 화덕을 급조했을 것이다. 한 쪽에서는 반죽을 하고 다른 한 쪽에서는 화덕을 만들어 불을 피웠다. 엄청나게 분주한 아브라함이 보이지 않는가?

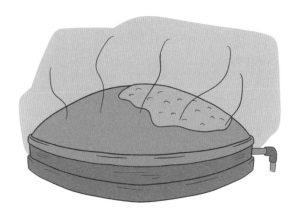

지금도 전해 내려오는 중근동 유목민들의 전통 솥을 사즈라고 하는데, 마치 우리네 가마솥 뚜껑처럼 보인다. 사즈뿐 아니라 돌판이나 이와 비슷한 솥을 화덕 위에 올려 두고 빵을 구웠을 것이다. 한두 사람으로 될 일이 아니기에 아브라함의 부족 모두가 총동원되었을 것이다.

그런데 아브라함은 밀가루로 빵을 굽는 것에 그치지 않고 송아지 요리를 시작했다. 지금도 중근동의 광야는 목축업을 하기에 좋은 조건이 아니다. 아브라함 때에는 목축이 지금보다 더 힘들었으며, 그나마 광야에 적응된 양과 염소가 대부분이었다.

구약성경에도 갈릴리 산지, 길르앗 산지, 바산 지방, 골란고원 그리고 벧세메스 지역에서만 소를 키웠다고 말한다. 그들에게 소고기는 우리가 상상조차 힘들 만큼 귀한 음식이었다. 더군다나 다 큰 소가 아닌 송아지 고기는 정말로 귀했다.

전통적으로 송아지 고기의 조리법은 구이가 아닌 찜 요리였다. 그들의 전통을 따라 아브라함도 찜 요리를 세 천사에게 대접했다. 그는 엉긴 젖과 우유와 송아지 고기를 함께 내어놓았다.

엉긴 젖은 중근동에서 식재료로 주로 사용하는 전통 요구르트로 짐작할 수 있다. 오늘날에도 중근동에는 송아지 찜에 양젖이나 소젖을 발효시킨 요구르트를 곁들인 음식이 많다. 물론 지금도 아무 때나 먹을 수 있는 요리가 아니다.

광야에서 가장 귀한 손님을 맞이할 때 대접하는 송아지 찜 요리를 위해서는 기름진 송아지를 잡고, 큰 솥을 준비해 오랜 시간 삶아내야 한다. 빵을 구울 때보다 더 많은 숯불이 필요했을 것이다. 6개월 된 송아지가 250킬로그램 정도라면 고기만 해도 150킬로그램이 넘는 엄청난 양이 조리되고 있는 것이다.

세 천사를 환대하기 위해 분주하게 움직이는 아브라함의 모습이 눈에 선하다. 가장 뜨거운 오후에 온 부족 사람들을 불러 모아 300여 개의 빵을 굽고 150킬로그램이나 되는 송아지 찜 요리를 만들기 위해 나무를 모으고 불을 지폈다. 그야말로 성대한 잔치 음식을 준비하기 위해 아브라함 집안사람들은 분주히 움직였다.

300여 개의 빵과 150킬로그램의 송아지 찜 요리는 세 천사를 위한 것 치고는 지나치게 과한 양이었다. 그것은 아브라함의 부족이 모두 모여 잔치를 벌일 정도의 음식이었다. 가장 귀한 손님을 위한 아브라함 부족 최고의 잔칫날이었던 셈이다.

이처럼 세 천사를 극진히 환대하는 아브라함의 모습을 보았다. 이윽고 세 천사는 환대를 받은 후 아브라함을 축복하고 도시인 소돔과 고모라로 들어갔다. 그곳에서 세 천사는 어떤 대접을 받았을까?

소돔과 고모라 지역 사람들은 광야의 아브라함과 달랐다. 낯선 나그네들을 천대했다. 배제하고 멸시했다. 이상한 일이 아닌가? 환대가 일반적인 시대에 소돔과 고모라 사람들은 왜 그랬을까? 우리는 아브라함 시대를 오해하고 있다. 당시에는 환대가 쉬운 일이 아니고 일반적인 일도 아니었다.

아브라함 시대에 도시민들은 광야에 거주하며 목축을 하는 이들을 천하게 여겼다. 소돔과 고모라 같은 도시 사람들은 당연하다는 듯 나그네를 혐오하고 차별했다. 심지어 생명을 빼앗고 몸과 삶을 유린했다. 그런데 그들로부터 혐오와 차별을 겪고 있던 아브라함은 오히려 낯선 나그네를 환대했다.

광야의 유목민 아브라함이 보여 주었던 낯선 이들에 대한 환대가 그 당시의 당연한 문화라고 생각하는 것은 큰 오해다. 적어도 창세기부터 사사기에 이르기까지 낯선 나그네를 환대하기보다 혐오하고 천대한 나머지 목숨까지 위협하는 장면이 훨씬 많고 당연한 반응이었다.

경계와 혐오, 배제가 당연한 시대에 나그네를 환대하는 아브라함의 모습은 특별했다. 소돔과 고모라의 천대가 익숙한 장면이었고, 아브라함의 환대가 낯선 장면인 시대였다. 자신의 목숨이 위태할 수도 있는 광야의 유목민이 누군지 모르는 낯선 이에게 무방비로 환대하고 있으니 말이다.

자신과 비슷한 처지의 나그네를 마주하는 아브라함과 안전하고 안락한 삶을 살아가는 소돔과 고모라의 도시 사람들이 대비된다. 온 부족이 나서서 이름 모를 나그네를 위해 성대한 잔치를 벌이며 환대했던 아브라함과 혐오와 배제, 위협을 서슴지 않는 소돔과 고모라 사람들의 패악이 대비된다.

이 시대를 사는 우리에게도 혐오와 배제, 안전과 위협, 포용과 차별은 중요한 과제다. 혐오와 배제는 다름에 대한 두려움과 공포로 이어진다. 그래서 남녀 차별, 인종 차별, 사회적 지위의 높고 낮음의 차별 같은 문제들이 우리 앞에 놓여 있다.

창세기부터 이어지는 나그네와 이방인에 대한 절대적인 환대의 메시지는 분명했다. 하나님 나라 백성에게 있어서 이것은 선택의 영역이 아니다. 율법이고 의무일 뿐 아니라 특권이기도 했다. 하나님나라는 인간이 막아 세운 벽을 넘어 확장되어야 하기 때문이다.

아브라함이 부지중에 천사를 대접하여 복을 누린 것처럼 복 받기를 원하는가? 그렇다
면 위험을 안고서라도 나그네를 환대해 보자. 내 안에 가득했던 막연한 두려움과 공포
가 가져온 배제와 혐오를 넘어서 보자. 그렇게 확장되어 가는 하나님 나라를 경험해
보자.

이 본문을 읽으면서
자식을 죽일 수밖에 없는
아버지의 순종과 희생을 칭송한다.
하지만 번제단 위에
말없이 누워 있는 이삭은
당연히 그래도 되는 인물로 간주한다면
너무도 많은 것을 놓치게 된다.

슈퍼 히어로
이삭

남모를 아픔을 가슴에 품고 살아간 남자

아브라함이 아침에 일찍이 일어나
나귀에 안장을 지우고 두 종과 그의 아들 이삭을 데리고
번제에 쓸 나무를 쪼개어 가지고 떠나
하나님이 자기에게 일러 주신 곳으로 가더니
창세기 22:3

「슈퍼맨」을 보면 평범한 기자인 클라크는 누군가에게 위험한 일이 생기면 '짜잔' 하고
변신하여 악당을 물리치는 슈퍼 히어로가 된다. 믿음의 조상 이삭도 우리에게는 믿음
의 슈퍼 히어로처럼 기억되고 있다. 이삭이 살았던 삶과는 상관없이….

아버지 아브라함이 자신을 죽여 재물로 바치려 했을 때 믿음으로 순종한 사람 이삭. 40세에 아내 리브가를 만나기까지 묵묵히 기다렸던 인내의 사람 이삭. 결혼 후 60세가 다 되어 쌍둥이를 얻기까지 기다린 기도의 사람 이삭. 우물을 둘러싼 갈등을 겪을 때 포기할 줄 아는 양보의 사람 이삭. 완벽한 신앙의 끝판왕급 슈퍼 히어로로 기억되고 있다.

어느 날 아브라함이 아들 이삭과 두 종 그리고 나귀 한 마리와 함께 길을 떠났다. 브엘세바에서 헤브론까지 하루, 헤브론에서 베들레헴까지 하루, 그리고 베들레헴에서 현재의 예루살렘인 모리아 산까지 하루가 걸렸다. 사흘 길이었다.

나귀 등에는 번제용 장작이 잔뜩 실려 있었다. 모리아 산에서 나무를 구해 번제용 땔감으로 다듬으려면 시간이 꽤 걸리기 때문이다. 철기 문명이 발달하기 이전 시대였기에 단단한 땔나무를 준비할 마땅한 도구도 없었다.

52

한 번 번제를 드리기 위해서는 100킬로그램이 넘는 나무를 준비해야 했다. 게다가 아브라함이 거주하던 브엘세바는 나무가 귀한 지역이었다. 로뎀나무^{댑싸리}, 종려나무^{대추야자나무}, 싯딤나무^{아카시아나무}의 잔가지나 가시덤불을 모아야 했다.

나귀의 등에는 100킬로그램이 넘는 나무와 사흘 길 동안 아브라함과 이삭과 두 종의 여행에 필요한 생필품이 한가득 실렸다.

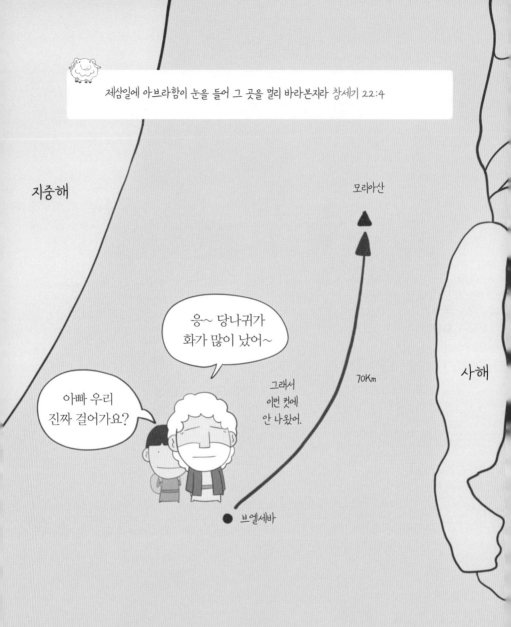

베들레헴에서 마지막 밤을 보낸 아브라함 일행은 셋째 날 이른 아침 길을 나섰다. 베들레헴에서 예루살렘의 모리아 산까지는 약 10킬로미터 정도인데, 걸어서 2~3시간쯤 걸린다. 아침 일찍 길을 나선 아브라함 일행은 오전 중에 모리아 산에 도착했을 것이다. 그리고 아버지 아브라함은 아들에게 땔감을 지게 했다.

종들에게는 나귀를 지키라 명하고 한 손에는 불을, 다른 손에는 칼을 들고 산 위로 올라갔다. 예루살렘이 해발 800미터 안팎의 고지대이기에 산언덕까지 오르는 데에는 그리 오래 걸리지 않았을 것이다.

고령의 아브라함, 그가 백 살에 얻은 귀한 아들이었다. 애지중지 키웠고, 사춘기를 지나 다 큰 아들을 제물로 바쳐야 할 때가 온 것이다. 아브라함과 이삭이 살던 고대 중근동에서 사람을 제물로 바치는 인신제사는 흔한 일이었다.

여호와가 이삭을 바치라고 했을 때 아브라함은 무의식적으로 번제를 준비했을지 모른다. 익숙한 종교의식이었기에 몸은 번제를 준비하면서도 머릿속은 더없이 복잡했을 것이다. 그리고 제물 없이 텅 빈 제단 앞에서 아버지의 이야기를 들은 이삭의 마음은 어떠했을까?

아버지의 말을 들은 이삭은 어떤 반항도 하지 않았다. 자신의 운명을 말없이 받아들이는 것처럼 보였다. 마치 길을 떠나기 3일 전부터 마음의 준비를 한 것처럼…. 누가 자신의 죽음 앞에서 이리도 담담할 수 있을까 싶을 정도였다.

이에 아브라함이 종들에게 이르되 너희는 나귀와 함께 여기서 기다리라 내가 아이와
함께 저기 가서 예배하고 우리가 너희에게로 돌아오리라 하고 아브라함이 이에 번
제 나무를 가져다가 그의 아들 이삭에게 지우고 자기는 불과 칼을 손에 들고 두
사람이 동행하더니 창세기 22:5~6

이 본문을 읽으면서 자식을 죽일 수밖에 없는 아버지 아브라함의 순종과 희생을 칭송
한다. 하지만 번제단 위에 말없이 누워 있는 이삭은 당연히 그래도 되는 인물로 간주
한다면 너무도 많은 것을 놓치게 된다.

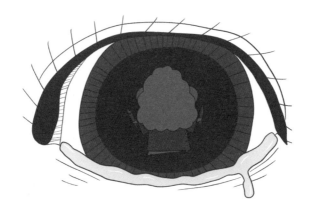

이삭의 아버지는 여호와께 제사를 드려야 한다며 함께 길을 떠나자고 했다. 나귀에 한
가득 나무를 실었다. 그런데 양이 없었다. 사흘 밤낮 광야 길을 걸으면서 아버지는 아
무 말도 없었다. 모리아 산에 도착해 땔감을 지고 산을 올랐다. 앞서가는 아버지의 양
손에 들린 불과 칼은 보이는데, 양은 없었다.

사흘 길을 함께 걸으면서 아버지의 무거운 침묵이 고스란히 전달되었다. 설마 하던 일이 현실로 다가오고 있었다. 이렇게 이삭은 자신에게 닥칠 아프고 슬픈 운명을 받아들이고 있는 게 아니었을까?

아름다운 순종 이야기로 무덤덤하게 회자되는 이 이야기에는 무거운 침묵이 담겨 있다. 이유를 모른 채 자신의 죽음을 받아들여야 했던 이삭의 고통이 덮여 있다. 그런 침묵과 고통을 보고 계시는 하나님의 아픈 사랑이 숨겨져 있다.

여호와의 사자가 하늘에서부터 그를 불러 이르시되 아브라함아 아브라함아 하시
는지라 아브라함이 이르되 내가 여기 있나이다 하매 창세기 22:11

당시 아브라함은 많은 인신제사들을 보고 경험했을 것이다. 하지만 하나님은 자식까
지 번제로 바치는 운명의 신이 아님을 분명히 하셨다. 하나님은 맹목적인 종교의 신이
아닌 인격적인 교제를 원하시는 분임을 말씀하신 것이다.

죽음의 공포에서 살아 돌아온 이삭이 이후에 어떤 삶을 살았을지 상상해 보라. 사춘기를 갓 넘긴 어린 나이에 아버지가 자신을 향해 칼을 높이 치켜들었을 때의 공포는 어마어마한 트라우마로 자리 잡지 않았을까?

그 이후에 치유와 회복의 과정이 있었다고 해도 평생 동안 그 누구와도 다른 삶을 살아내야 했을 것이다. 그런 죽음의 공포를 경험하며 만난 여호와 하나님은 다른 사람들이 만난 하나님과 다른 존재였을 것이다.

우리는 믿음의 조상 이삭을 당연히 그래도 되는 사람으로 쉽게 단정지어 버렸다. 하지만 그래도 되는 사람은 이 세상에 아무도 없다. 누구나 아픔이 있고, 누구나 아픔을 견디며 살아가고 있다. 그 아픔을 온몸으로 견뎌내며 믿음을 지켜 나가고 있을 뿐이다.

자연 재해로 수많은 이들이 목숨을 잃고, 가족이 해체되고, 삶이 무너졌을 때 믿지 않는 이들을 향한 하나님의 심판과 경고라고 단언하는 성경 읽기가 과연 온당한 성경 읽기일까? 우리는 이삭이 갖게 된 고통스런 기억을 아파하는 하나님도 묵상해야 한다.

그 고통스런 기억을 함께 아파하시며 믿음의 조상으로 세우신 하나님의 마음도 함께 묵상해야 한다. 아파하는 것을 불신앙이라 여기지 않고 아파하는 이삭을 위로하고 돌보시는 하나님, 아파하는 모습 그대로를 믿음의 조상으로 들어 쓰시는 하나님의 아픔을 기억해야 한다.

요셉을 방으로 밀어 넣은
보디발의 아내는 방문을 닫고
요셉의 옷을 잡았다. 요셉이 입은 옷은
허리 아래를 가리는 천 조각 하나였다.
성경에서 '옷을 잡았다'는 표현은
우리가 상상하는 것 이상으로
대단히 노골적인 성적 묘사로
여겨진다.

여인의 손에
들린 옷

알몸으로 문을 박차고 나간 요셉

그의 주인이 자기 아내가 자기에게 이르기를
당신의 종이 내게 이같이 행하였다 하는 말을 듣고
심히 노한지라 이에 요셉의 주인이 그를 잡아 옥에 가두니
그 옥은 왕의 죄수를 가두는 곳이었더라 요셉이 옥에 갇혔으나

창세기 39:19~20

형들의 질투로 인해 미디안 상인에게 팔린 요셉은 바로의 친위대장이었던 애굽^{이집트} 사람 보디발의 집으로 끌려갔다. 하나님이 요셉을 형통케 하시는 것을 본 보디발은 요셉을 자신의 가정 총무로 삼고 집안 모든 살림살이를 요셉에게 위탁했다.

하나님이 요셉을 형통케 하셨다는 말은 하나님이 형통케 하시기에 충분하도록 요셉이 선한 영향력을 드러내면서 맡은 바 최선을 다했다는 뜻이다. 보디발은 자신이 먹는 음식 외에는 모든 것을 다 요셉에게 일임할 정도로 신임했다.

그런데 이렇게 신뢰했던 보디발이 왜 갑자기 요셉을 옥에 가두었을까? 자신의 아내가 손에 쥐고 있는 옷이 얼마나 대단한 의미였을까? 도대체 무슨 일이 있었던 것일까?

보디발은 몇 년간 요셉이 얼마나 성실하게 집안일을 잘 꾸려왔고 하는 일마다 잘 되었는지 지켜보았다. 그런데 느닷없이 요셉을 감옥에 가두었다. 이 의문은 요셉 당시의 의복 문화와 머물던 집의 구조를 생각해 보면 쉽게 해답을 얻을 수 있다.

풍요롭도다~

요셉이 살던 시대는 대략 기원전 19세기경으로 고대 이집트의 중왕국시대라고 알려졌다. 이 당시는 새롭게 진출한 아모리인이 유프라테스 강 중류 지역에 위치한 바벨론을 수도로 하여 바벨론 제1왕조^{BC 1894~1595년경}를 건국한 때였다.

이 시대 바빌론 왕조의 6대 왕이 함무라비^{Hammurabi}였고, "눈에는 눈, 이에는 이"로 잘 알려진 「함무라비 법전」을 제정한 시기다. 우리나라의 청동기 시대였던 고조선 때에 해당한다. 함무라비와 고조선, 요셉이 살아가던 고대 이집트가 함께 눈앞에 그려지는가?

당시의 의복 문화는 어떠했을까? 자료를 찾아보면, 당시 남성들의 의복은 쉔디트 shendyt로 허리에 천 하나를 걸치고 있는 게 전부였다. 시대와 신분에 따라 그 길이나 디자인이 차이가 있었지만 우리 시대처럼 큰 차이가 있던 것은 아니었다. 여성들의 의복도 크게 다르지 않았다.

위아래를 감싸는 긴 옷이 전부였고, 옷은 얇은 천의 시스루see-through였다. 신분이 낮은 여성들의 경우에는 남자들처럼 허리 아래만 가리는 정도였다. 당시는 속옷을 입는 문화가 생기기 전이었다.

신분이 높은 여성들의 경우, 짙은 마스카라 화장이나 향유 또는 장신구로 자신의 신분을 드러내는 정도였다. 당연히 하인 신분이었던 요셉의 의복은 허리에 천을 두른 정도였다.

요셉이 머물던 무더운 중근동 지역의 집은 어떠했을까? 당시 이집트 귀족들이 살던 집은 꽤 큰 2층 규모의 저택이었다. 마당에는 무더위를 식히기 위한 수영장이 있었고, 여러 개의 작은 방과 큰 거실을 비롯해 주방이 있었다.

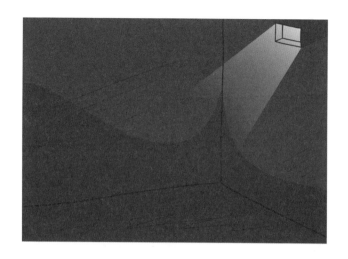

낮 동안의 뜨거운 태양을 피하기 위해 창문은 최소한의 크기이거나 아예 없는 경우가
많았다. 매우 폐쇄적인 공간이었다고 할 수 있다.

대문을 지나 수영장이 있는 커다란 마당을 가로지르면 안채가 보였다. 문을 열고 안채
로 들어가면 거실과 부엌, 몇 개의 작은 방이 있었다. 특히 대부분의 방은 창문이 없는
독립적인 공간이었다.

그 여인의 집 사람들을 불러서 그들에게 이르되 보라 주인이 히브리 사람을 우리에게 데려다가 우리를 희롱하게 하는도다 그가 나와 동침하고자 내게로 들어오므로 내가 크게 소리 질렀더니 창세기 39:14

지금부터
점호를 시작한다!

이런 귀족들의 집에는 건물을 관리하고 시중을 드는 하인들 여럿이 함께 거주했다. 요셉의 주요 업무 중 하나도 큰 집과 하인들을 관리하는 일이었다. 보디발의 아내가 도망가는 요셉을 향해 소리를 지르며 사람들을 부르는 장면을 보면 꽤 많은 것들을 짐작해 볼 수 있다.

여인이 날마다 요셉에게 청하였으나 요셉이 듣지 아니하여 동침하지 아니할 뿐더러
함께 있지도 아니하니라 창세기 39:10

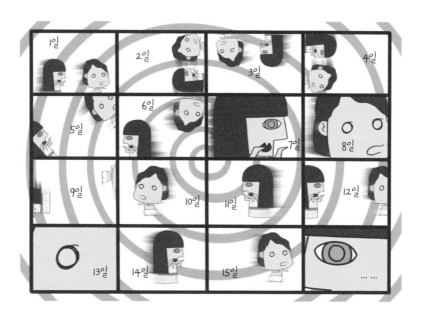

보디발의 아내는 요셉을 노골적으로 유혹했다. 한 번이 아니라 날마다, 볼 때마다 유혹했다. 아무리 집안의 총무라 해도 요셉의 신분은 이국땅에서 잡혀 온 노예다. 반면 상대는 이집트 왕궁의 친위대장의 부인이었다. 매번 거절하는 것도 쉽지 않았을 것이고, 이로 인해 겪는 불편도 한두 가지가 아니었을 것이다.

이 집에는 나보다 큰 이가 없으며 주인이 아무것도 내게 금하지 아니하였어도 금한 것은 당신뿐이니 당신은 그의 아내임이라 그런즉 내가 어찌 이 큰 악을 행하여 하나님께 죄를 지으리이까 창세기 39:9

하지만 보디발의 아내는 집요했다. 눈짓으로, 몸짓으로, 노골적인 요구로 요셉을 괴롭혔다. 그리고 드디어 사건이 벌어지고야 말았다. 요셉은 일하기 위해 안채로 들어섰다. 그런데 그 큰 집에는 아무도 없었다. 크고 넓은 빈집에 보디발의 아내만 있을 뿐이었다.

요셉을 방으로 밀어 넣은 보디발의 아내는 방문을 닫고 요셉의 옷을 잡았다. 요셉이 입은 옷은 허리 아래를 가리는 천 조각 하나였다. 성경에서 '옷을 잡았다'는 표현은 우리가 상상하는 것 이상으로 대단히 노골적인 성적 묘사로 여겨진다.

그 상황에서 요셉은 벌거벗은 채로 방문을 열고 거실을 지나 현관문을 열고 뛰쳐나왔다. 요셉이 자신의 옷을 여인의 손에 버려두고 밖으로 나왔다는 성경의 표현은 이 장면을 완곡하게 표현한 것이다. 커다란 빈집 중 방 한 곳에서 은밀히 벌어진 일이었다. 벌거벗은 요셉은 집 밖으로 뛰쳐나갔고, 그 뒤로 크게 외치는 여인의 절규가 들렸다.

그 여인의 집 사람들을 불러서 그들에게 이르되 보라 주인이 히브리 사람을 우리에게 데려다가 우리를 희롱하게 하는도다 그가 나와 동침하고자 내게로 들어오므로 내가 크게 소리 질렀더니 그가 나의 소리 질러 부름을 듣고 그의 옷을 내게 버려두고 도망하여 나갔느니라 하고 창세기 39:14~15

때마침 밖에 있던 하인들은 그 장면을 목격했다. 벌거벗은 채 도망치는 요셉과 보디발의 아내의 외침이었다. 누가 봐도 승승장구하던 요셉이 주인의 뒤통수를 치는 모양새다. 성실하게 살아가던 요셉에게 왜 이런 일이 반복적으로 벌여졌을까? 인생은, 신앙은, 믿음은 쉽게 답을 내릴 수 있을 것 같다가도 참으로 복잡하고 어려운 일이 되기도 한다.

덥고 어둡고 냄새나는 성소 안에
남자 셋이 앉아 딱딱하게 굳은
맛없는 떡을 먹고 있는 장면을
상상해 보라. 또 이집트의 화려한
성전에서 최고의 요리사들이
온갖 신선한 재료로 만든 맛있는 음식과
쾌적한 환경을 떠올려 보자.
광야 제사장들의 처지가
어떠해 보이나?

바이블 극한직업:
제사장편

광야 최악의 3D업종, 제사장들의 고군분투를 만나다

사백삼십 년이 끝나는 그 날에
여호와의 군대가 다 애굽 땅에서 나왔은즉
출애굽기 12:41

요셉이 야곱 일가를 데리고 이집트에 들어간 후로 이스라엘의 이집트 생활은 430년간 이어졌다. 요셉이 죽고 그의 업적을 알지 못하는 이집트 왕이 들어서자 이스라엘 백성들을 억압하기 시작했다.

이집트 왕은 이스라엘 백성들에게 무거운 노역을 지워 괴롭게 했다. 흙 이기기, 벽돌 굽기, 농사 짓기 등 여러 일을 가혹하게 시켜 생활마저 어렵게 만들었다. 430년을 이어진 노예 생활은 이스라엘 민족에게 힘든 시련이었다.

이스라엘의 하나님과 구원 약속은 전설이 된 지 오래고, 태양의 나라 이집트의 신은 그 위용이 하늘을 찔렀다. 거대한 신전과 수많은 제사장들 그리고 매일 신전 앞에 쌓이는 온갖 예물들로 가늠할 수 있었다. 이스라엘 백성들에게 있어 이집트의 제사장들은 거대하고 웅장한 신전에 머물며 부귀와 명예와 권력을 모두 가진 신과 같은 존재였다.

이집트의 신전은 국가에서 땅을 내주고 세금도 면제해 주었다. 기록에 의하면 이집트 경작지의 1/6 이상이 신전 소유였다. 당연히 신전의 제사장들은 모든 혜택의 최대 수혜자였고, 그들이 가진 권력노 막강했다.

이집트 인구의 2퍼센트가 넘는 10여만 명이 신전 소유의 노예였다. 출애굽 당시 고대 이집트 노 아몬No Amon, Thebes 지역의 카르나크 신전Karnak Temples만 해도 433곳의 과수원, 42만여 마리의 가축, 65곳의 마을, 83척의 배, 46곳의 작업장, 수십만 평의 농장, 8천 명 넘는 일꾼을 보유하고 있었다.

고센Goshen의 수도 온On, Heliopolis에 자리한 아몬 라 신전Amon Ra Temples의 소유도 어마어마했다. 수십만 평의 땅에 64곳의 과수원, 40만여 마리의 가축, 103곳의 마을, 3척의 배, 5곳의 작업장, 13만여 명의 일꾼을 보유하고 있었다.

이처럼 거대 규모의 신전은 하나의 도시와 같았다. 빵을 굽는 화덕, 술을 만드는 양조장, 당시 최고의 교통수단인 나귀를 위한 마구간, 농장 등을 갖추고 있었다. 또 숙련된 사냥꾼, 건축공, 벽돌공, 방직공, 서기관, 행정관, 화가 등을 일꾼으로 부렸다.

뿐만 아니라 신전 관리를 위한 정원사, 도장공, 석공, 목수, 신성한 동물을 돌보는 목자와 금고지기까지 다양한 인력을 소유했다. 그야말로 신전은 작은 왕국이었고, 이들을 부리는 제사장들은 자기 신전에서 왕 같은 제사장이었다. 당대 최고의 특권 계급이었다.

오직 레위 지파에게는 여호수아가 기업으로 준 것이 없었으니 이는 그에게 말씀하신
것과 같이 이스라엘의 하나님 여호와께 드리는 화제물이 그들의 기업이 되었음이더
라 여호수아 13:14

이스라엘의 제사장들은 하나님께 거룩하게 구별된 자로서 아론의 자손인 레위 지파에
의해 세습 되었다. 그런데 하나님은 레위 지파에게 기업을 받지 말라고 명하셨다. 오
직 여호와만이 이들의 기업이 된다고 말씀하셨다.

레위 사람은 너희 중에 분깃이 없나니 여호와의 제사장 직분이 그들의 기업이 됨이며

여호수아 18:7a

430년 동안 이집트에서 살다 나온 이스라엘 백성들에게는 여호와께 구별된다는 것, 즉 여호와만이 그들의 기업이 된다는 말은 쉽지 않은 도전이었다. 이집트에서 보았던 높디높은 제사장과 여호와 하나님이 요구하는 제사장은 너무나 다른 모습이었기 때문이다.

이집트에서는 부와 명예와 권력을 갖게 되는 최고의 자리가 제사장이었고, 그것이야
말로 신의 축복이라 믿었다. 그런데 모든 것을 포기하는 자리가 제사장이라니 청천벽
력과 같은 말이었다.

안식일마다 이 떡을 여호와 앞에 항상 진설할지니 이는 이스라엘 자손을 위한 것이요 영원한 언약이니라 이 떡은 아론과 그의 자손에게 돌리고 그들은 그것을 거룩한 곳에서 먹을지니 이는 여호와의 화제 중 그에게 돌리는 것으로서 지극히 거룩함이니라 이는 영원한 규례니라 레위기 24:8~9

이스라엘 백성들은 안식일마다 여호와 앞에 올리는 떡인 진설병을 성소에 바쳐야 했다. 하나님은 고운 가루 10분의 2 에바^{ephah}로 진설병을 만들라고 지시했다. 10분의 2 에바는 4.4리터 정도다.

4.4리터의 밀가루는 대략 2.6킬로그램의 양이다. 2~3킬로그램의 진설병을 두 줄로 여섯 개씩 총 열두 개를 바쳐야 했다. 떡상에 차려진 진설병은 꽤 많았다. 떡 한 말이 18리터이니 대략 서 말의 진설병이 안식일마다 바쳐졌다.

이는 A4 용지 사이즈에 3센티미터 두께의 떡 스무 두레 분량이었다. 떡이 아무리 맛있다 한들 성인 남자가 3센티미터 두께의 떡 반 두레*만 먹어도 배부르지 않을까?

* 두레: 둥글고 하나의 켜로 되어 있는 덩어리를 세는 단위

그런데 하나님은 떡상에 바쳐진 진설병을 아론과 그 아들들이 성소에서 모두 먹어야 한다고 말씀하신다. 이는 거룩한 일로 영원한 규례라고 강조하셨다. 당시 출애굽한 이스라엘 백성들이 광야 생활을 할 동안 제사장이 단 세 명이었다고 기록되어 있다.

대제사장 아론과 두 아들 엘르아살과 이다말, 세 명의 제사장은 안식일이 지나면 많은 양의 떡을 다 먹어야 했다. 두고두고 먹을 수 없을 뿐더러 성소 안에서만 먹어야 했다. 일주일간 진설된 묵은 떡이라 딱딱하고 맛도 없었다. 게다가 맛보는 정도가 아니라 엄청난 양의 떡을 매주 같은 양으로 먹어야 했다.

덥고 어둡고 냄새나는 성소에서 딱딱하고 맛없는 떡을 먹는 장면을 상상해 보라. 또 이집트의 화려한 성전에서 최고의 요리사들이 만든 맛있는 음식과 쾌적한 환경을 떠올려 보라. 광야 제사장들의 처지가 어떠한가? 그들에겐 음식 먹는 것도 고행이었다.

게다가 백성들이 제물을 바치기 위해 양을 잡으면 제사장은 그 피를 제단 사방에 뿌렸다. 또 제물의 기름진 꼬리와 내장이 덮이거나 내장에 붙은 기름과 콩팥과 간에 덮인 기름 등을 떼어 내면 그것을 받아 제단 위에서 불태웠다. 백성들에게 명령하거나 지시하는 게 아니라 오히려 백성들의 제사에 온갖 궂은일을 도맡아 했다.

그렇게 고생한 뒤에는 그나마 바쳐진 제물 가운데 가슴살과 오른쪽 넓적다리를 받아
먹을 수 있었다. 하지만 가장 질긴 부위였다. 맛없고 딱딱한 진설병을 어둡고 습하고
냄새나는 성막에 앉아 모두 먹는 것도 모자라 백성들의 제사를 돕기 위해 낮은 자리에
서 힘써야 했다. 더군다나 고기도 질기고 맛없는 부위만 먹어야 했다.

모든 백성들이 가질 수 있었던 기업도 포기해야만 했다. 이것이 여호와가 그들의 기업
이라는 말의 의미였다. 결국 제사장은 광야에서 그 어떤 직업보다 극한직업이었다. 하
나님은 이런 제사장의 모습을 통해 출애굽한 백성들이 이집트의 화려한 파라오와 다
르게 낮은 자를 찾아가 살피시는 그분의 거룩의 의미를 가르치신 것 아닐까?

이스라엘 백성들이
여호와 하나님의 설계도를 따라
광야 한복판에서 완성한
성막은 길이 50미터, 폭이 25미터였다.
성막 전체가 약 370평인데 반해,
카르낙 신전은 36만 평이 넘었다.
자신들이 매일 보았던 이집트 신전에 비해
960분의 1 정도의 크기였다.

성막의
아이러니

천한 광야 유목민의 천막이 성막이라니!

내가 내 성막을 너희 중에 세우리니
내 마음이 너희를 싫어하지 아니할 것이며

레위기 26:11

이스라엘 백성들은 애굽의 바로마저 굴복시킨 열 가지 재앙과 최강의 애굽 군대를 전멸시킨 홍해의 기적을 맛보고도 의심하고 불순종했다. 만나와 메추라기를 주어도 불순종하는 백성들이었다. 게다가 금송아지를 만들어 우상으로 숭배했고, 성막을 주었음에도 여전히 불순종했다. 출애굽한 이스라엘 백성들에 대한 우리의 마음속 평가가 이렇다.

아프리카 북동쪽에 위치하고 있으며, 세계에서 제일 긴 나일 강 유역은 고대 문명의 발상지다. 강의 수량이 풍부했기에 농사가 잘 되어 주변 국가들의 주요 식량원이었을 뿐만 아니라 이를 바탕으로 강성한 국가가 이루어졌다.

이집트로 잘 알려진 땅 애굽은 성경에서 가장 먼저 등장하는 강대국이다. 농사가 강대
국의 상징이자 최고의 가치라고 여겼던 애굽 사람들에게 자연의 변화는 가장 민감하
면서도 중요한 영역이었다.

자연스레 애굽 사람들은 농사를 관장하는 태양신에 의존하게 되었다. 이스라엘 백성
이 출애굽을 할 당시에도 애굽은 태양신을 숭배하는 태양의 도시였다.

애굽의 포로가 되어 아무런 희망이 없었던 이스라엘 백성들에게 이집트 왕자였던 모세의 등장은 희망의 메시지였다. 그를 통해 벌어지는 놀라운 기적 앞에서 최고의 권력자였던 이집트 왕 바로는 무너져 내렸고, 이 모습을 본 이스라엘 백성은 얼마나 큰 희망을 가졌겠는가?

게다가 눈앞에서 홍해가 갈라지고 최강의 군대인 애굽 군대가 힘 한 번 못 쓰고 전멸하는 광경을 목격했다. 지도자 모세와 여호와에 대한 기대는 하늘을 찌르고 있었다.

이스라엘 백성들은 모세가 세울 나라, 여호와가 지켜 주는 나라는 이집트보다 더 강대한 나라일 것이라고 생각했다. 더 웅장하고 화려한 나라를 기대하는 것이 당연했을 것이다.

이스라엘 백성들의 그런 희망은 애굽을 탈출해 광야로 나서면서 여지없이 무너지기 시작했다. 실망이 커지고 원망은 깊어졌다. 그렇게 큰 기적을 맛보았음에도 눈앞의 현실이 눈에 보이지 않는 여호와보다 더 컸기 때문이다.

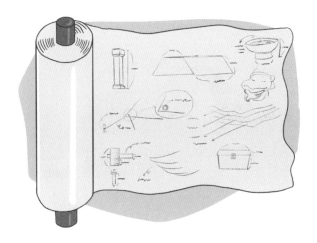

그런 백성들에게 여호와 하나님은 자신이 거하는 곳의 증거로 성막을 세우라고 하셨다. 출애굽기 25~40장은 성막에 대해 매우 구체적이고 세밀하게 설명한다. 한 치의 오차도 허락하지 않겠다는 여호와 하나님의 강력한 의지였다.

완성된 성막 또는 회막을 처음 본 이스라엘 백성들은 어떤 감정이었을까? 이제 여호와 하나님이 함께하셔서 우리의 소원을 이뤄 주실 것이라는 기쁨과 환호에 어찌할 바를 몰라 했을까?

고대 이집트뿐 아니라 주변 국가들은 대부분 신의 능력은 신전의 크기에 비례한다고 생각했다. 신전의 크기, 날마다 신전에 바쳐지는 제물의 양과 질, 제사장들의 숫자, 제물을 바치는 이들의 수에 신의 크기가 증명된다고 생각했다.

이스라엘 백성들이 출애굽할 당시 이집트의 대표적 신전인 카르낙 신전은 폭이 800미터, 길이가 1.5킬로미터였다. 이런 신전이 이집트 곳곳에 있었는데, 대리석, 화강암, 석회암 등의 돌로 정교하고 화려하게 만들어져서 그 웅장함을 더했다.

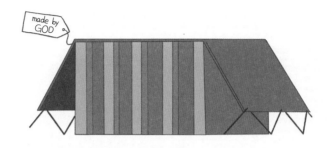

내가 거룩하니 너희도 거룩하라…

이렇게 웅장한 신전을 보면서 신의 능력이 그 웅장함만큼 강력하다고 믿었던 이스라엘 백성들이 완성된 성막을 보면서 받았을 충격은 어떠했을까?

이스라엘 백성들이 여호와 하나님의 설계도를 따라 광야 한복판에서 완성한 성막은 길이 50미터, 폭이 25미터였다. 성막 전체가 약 370평인데 반해, 카르낙 신전은 36만 평이 넘었다. 자신들이 매일 보았던 이집트 신전에 비해 960분의 1 정도의 크기였다.

빛도 제대로 들어오지 않는 염소 털로 만든 천막이었다. 성막의 덮개는 네 겹으로 구성되어 있었다. 맨 겉은 해달의 가죽으로 만든 덮개, 두 번째는 붉게 물들인 수양의 가죽으로 만든 덮개, 세 번째는 염소 털로 짠 앙장, 네 번째는 백색과 청색, 자색, 홍색 실로 공교히 수놓아 화려하게 만든 천으로 이루어져 있었다.

성막 안 성소의 크기는 길이가 10미터, 폭이 5미터였다. 그 안에 금을 덧씌운 떡상과 숟가락과 대접 그리고 34킬로그램의 순금으로 만든 등잔 7개를 올려놓을 수 있는 등대가 있었다. 외부의 햇살이 들지 않는 가운데 오직 올리브기름으로 밝혀지던 등불에 황금빛 기구들이 빛나고 있을 뿐이었다.

강한 태양빛을 받으면 마치 황금처럼 빛나는 이집트 신전을 기억하고 있던 이스라엘 백성들에게 여호와의 성막은 탁하고 무겁게 다가왔다. 수시로 드려지는 제물을 태우는 연기, 그을음, 먼지 냄새가 더해지면서 성막은 이스라엘 백성들이 기대했던 모습과 전혀 달랐다.

이런 성막 안의 성소가 거룩하다거나 능력자의 처소라고 느껴졌을까? 이스라엘 백성들은 이집트의 거대한 신전과 화려한 종교 문화를 여러 세대를 걸쳐 경험했다. 그런데 이렇게 작고 어두운 성소에서 여호와 하나님의 거룩함과 능력이 과연 느껴지기나 했을까?

성막을 덮고 있던 네 겹의 덮개와 중근동의 뜨겁고 건조한 날씨를 떠올려 보라. 성막 안에 있는 성소나 지성소의 공기는 어떠했으며, 얼마나 환기가 가능했을까? 성막의 실내 온도는 어느 정도였을까?

일반적으로 염소 털로 짠 천막은 낮에는 시원한 바람이 통하고, 밤이면 외부의 찬 공기를 차단한다고 알려졌다. 그럼에도 불구하고 여름철 성막 안 성소는 결코 쾌적한 공간이 아니었다. 중근동의 여름 날씨를 고려해 볼 때 겨울철을 제외하고는 덥고 답답한 공간이었다.

뿐만 아니라 성소 안에는 매주 밀가루로 반죽하고 올리브기름을 발라 구워 만든 진설병이 놓여 있었다. 24시간 올리브기름을 태워 밝히는 7개의 등불이 있었다. 성소 안은 환기가 잘 되지 않는 덥고 탁하고 좁은 공간인 데다 타는 등불로 인해 쾌쾌한 냄새가 가득했다.

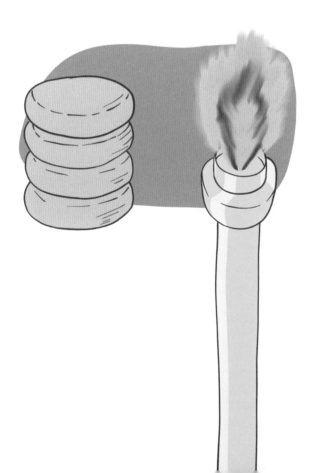

진설병의 크기는 아마도 밀가루를 기준으로 2.6킬로그램 정도였고, 여기에 물과 올리브기름을 섞으면 대략 3킬로그램 정도였을 것이다. 이런 정도의 빵이 덥고 탁한 공기와 만나고 거기에 7개의 등불이 타는 냄새가 뒤섞여 있는 공간이 성소였다.

만약 내가 그 때 그 성막에 서 있었다면 이런 새로운 거룩함을 받아들일 수 있었을까? 머리로도 이해하기 힘들고 몸으로도 받아들이기 힘든 새로운 거룩함을 말이다.

자신들이 매일 보았던 이집트 신전에 비해 성막은 그야말로 전쟁 난민촌의 천막 같은 초라한 모습이었다. 심지어 고대 이집트인들이 틈만 나면 비웃던 유목민들의 천막처럼 보였을지도 모른다.

이스라엘 백성들은 구원자 여호와 하나님이 오셔서 기고만장하던 이집트 왕과 군대를 무찌르고 보란 듯이 멋진 나라를 세워줄 것이라고 기대했다. 그런데 유목민의 천막 같은 공간이 여호와의 신전이라고 했을 때 "아멘" 하고 받아들이는 것은 쉬운 일이 아니었다.

108

즉 여호와 하나님은 출애굽한 이스라엘 백성들이 이전에 전혀 듣거나 보지 못했던 새로운 거룩함을 제시하셨다. 그들이 기대하고 욕망하던 신의 능력이 아닌 여호와 하나님만의 새로운 능력을 제시한 것이다.

화려함이 거룩함이 될 수 없다는 것을, 세련된 겉모습이 경건이 아니라는 것을, 부와 힘이 결코 능력이 아니라는 것을 성막을 통해 말씀하셨다. 내가 그 때 그 자리 출애굽의 현장에 있었다면, 그 광야에 있었다면 이스라엘 백성들보다 더 신앙인의 모습을 보였을 것이라고 자신할 수 있을까?

제작	하나님
감독	하나님
주연	이스라엘 백성
	이스라엘 사람
	이스라엘 민족
조연	이스라엘 어른
	이스라엘 아이
	이스라엘 동물
⋮	

이스라엘 땅은 성경의 주요 무대이고, 이스라엘 백성들은 성경의 주인공이라 해도 과언이 아니다. 그런데 우리에게 출애굽한 이스라엘 백성들은 불순종하고 환영받지 못하는 미운 주인공 취급을 받아왔다. 우리는 왜 그렇게 생각했을까?

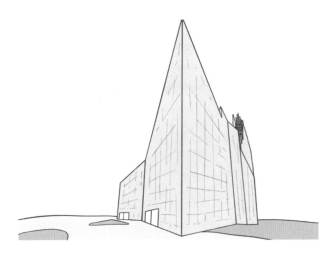

우리도 마찬가지로 화려하고 쾌적한 교회 시설에 만족해하고 더 좋은 건물을 꿈꾸지 않는가? 좀 더 좋은 음향, 좀 더 좋은 냉난방 시설, 좀 더 좋은 공간과 세련된 인테리어에 만족하고 있지 않는가?

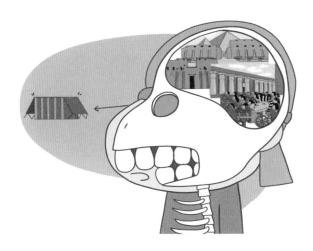

비록 노예 신분으로 애굽에 있었지만 그곳에서 보고 듣고 경험하고 이해한 애굽의 신전과 애굽 신의 능력은 화려하고 웅장했다. 그래서 더더욱 여호와 하나님의 새로운 신전과 새로운 거룩함에 당황했던 이스라엘 백성들을 생각해 보자.

그리고 지금 좋은 교회 건물과 풍요로운 삶을 위해 달려가는 내 삶은 그들과 다른지 돌이켜 보자. 하나님은 내게 출애굽한 이스라엘 백성들에게 요구하셨듯이 전혀 다른 성막과 전혀 다른 거룩함을 요구하신다는 것을 잊지 말아야 한다.

출애굽한 이스라엘 백성들을 미운 주인공으로 소외시키는 것으로 내가 추구하는 크고 화려하고 쾌적한 교회와 그에 어울리는 삶의 수준을 향한 욕망이 숨겨질 리 만무하다.

오히려 나도 출애굽한 이스라엘 백성들처럼 하루에도 열두 번씩 뒤를 돌아보면서 내 안의 욕망과 하나님의 거룩함 앞에서 갈등하는 존재라는 고백이 더 필요하다. 그런 연약한 존재임에도 성경의 주인공으로 삼아 끝까지 구원의 여정으로 이끄신 하나님을 의지하며 살아가야 하는 것이다.

광야의 들판 사방에
메추라기가 가득했다.
1미터도 안 되는 낮은 높이로
전후좌우 20킬로미터의
공간에 철을 따라 장거리 이동에
지쳐 있는 메추라기 떼로 뒤덮인
광야의 들판을 상상해 보라.

메추라기
1톤

공기 반, 메추라기 반

백성이 일어나 그 날 종일 종야와 그 이튿날 종일토록
메추라기를 모으니 적게 모은 자도 열 호멜이라
그들이 자기들을 위하여 진영 사면에 펴 두었더라
민수기 11:32

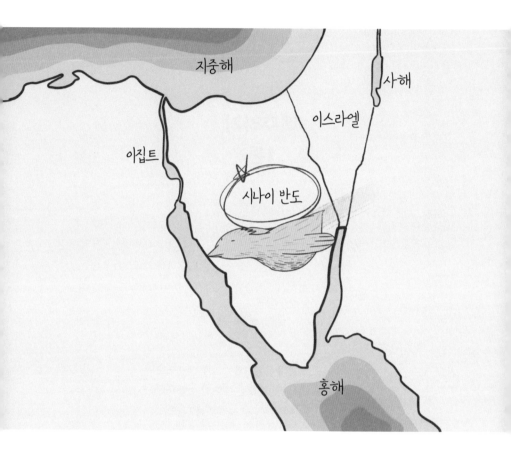

메추라기는 메추리라고 불리는 꿩과※의 철새다. 3~4월경 아프리카에서 지중해를 건너 유럽으로 이동하고, 반대로 겨울에는 다시 겨울을 나기 위해 유럽에서 아프리카 중부로 날아간다. 그렇게 오고 가는 중에 이집트의 시나이 반도를 거치게 된다.

성경은 출애굽 이후 이스라엘 백성들에 대해 언급하면서 메추라기와 관련하여 두 번 기록하고 있다. 한 번은 가을, 또 한 번은 봄이다. 이는 메추라기가 시나이 반도를 지나가는 시기와 맞물린다.

유럽에 머물던 메추라기는 겨울을 나기 위해 가을철인 9~10월경 지중해를 건너 아프리카 중부로 이동한다. 그리고 봄철인 3~4월경 다시 지중해를 건너 유럽으로 간다.

이집트의 삼각주 지역에는 1년에 두 번씩 메추라기가 대규모로 이동한다. 1900년대 초까지도 이집트 사람들은 200미터가 넘는 대형 그물로 긴 이동 중에 지쳐 있는 메추라기를 잡아 수출했다. 기록에 의하면, 1908년에 120만 마리, 1926년에는 약 54만 마리를 수출했다.

매년 시나이 반도에서도 수십만 마리의 메추라기를 잡았으며, 사냥대회도 열렸다. 최근에도 지중해 인접 가자 지구에서도 메추라기 떼의 이동이 종종 목격되었다.

적게 모은 자도 열 호멜이라 민수기 11:32

민수기에 나오는 호멜homer은 부피를 나타내는 단위다. 이 단어는 나귀라는 뜻의 하마르hamar와 닮아 있다. 한 호멜은 '나귀에 가득 실은 한 짐' 정도를 말하며, 대략 230리터다. 열 호멜 이면 나귀 열 마리에 메추라기가 한가득 실려 있는 양이다.

메추라기를 적게 모은 사람이 나귀 열 마리에 가득 실었을 정도라면 도대체 이스라엘 백성들은 얼마나 많은 양의 메추라기를 잡았단 말인가?

최대한 근접하게 계산해 보면 1호멜이 230리터라면 10호멜은 2,300리터다. 물 1리터가 1킬로그램인데, 그대로 대입하면 2,300킬로그램이다. 다만 종류나 부피에 따라 무게로의 환산이 다르기 때문에 그대로 대입하기는 무리다.

밀가루가 리터당 0.6킬로그램이고, 10호멜은 1,380킬로그램이다. 메추라기가 밀가루보다 밀도가 낮다고 쳐도 1인당 1,000킬로그램, 즉 1톤에서 많게는 2톤까지 잡은 것이다. 이틀 동안 1톤 이상의 메추라기를 잡는다는 것은 우리로서는 상상하기 어려운 양이다.

가족 중 스무 살이 넘어 전쟁에 나갈 수 있는 남자만 한 명으로 세던 당시 관습을 고려해서 한 가족이 이틀 동안 1톤 이상의 메추라기를 잡았다고 해도 어마어마한 수량이다.

바람이 여호와에게서 나와 바다에서부터 메추라기를 몰아 진영 곁 이쪽저쪽 곧 진영 사방으로 각기 하룻길 되는 지면 위 두 규빗쯤에 내리게 한지라 민수기 11:31

광야의 들판 사방에 메추라기가 가득했다. 1미터도 안 되는 낮은 높이로 전후좌우 20 킬로미터의 공간에 철을 따라 장거리 이동에 지쳐 있는 메추라기 떼로 뒤덮인 광야의 들판을 상상해 보라.

백성이 일어나 그 날 종일 종야와 그 이튿날 종일토록 메추라기를 모으니 적게 모은 자도 열 호멜이라 그들이 자기들을 위하여 진영 사면에 펴 두었더라 민수기 11:32

도저히 상상하기 어려운 수의 메추라기 떼가 이스라엘 백성이 머물던 광야 한복판으로 날아들었다. 이스라엘 백성들은 그저 주워 담기만 하면 되었다.

이스라엘 백성들은 1박 2일 동안 쉬지 않고 메추라기를 잡았다. 밤낮 쉬지 않고 몰아닥친 엄청난 수의 메추라기를 줍느라 진이 다 빠져 버릴 지경이었다. 그렇게 잡은 후 포를 떠서 말리기 시작했다.

"그들이 자기들을 위하여 진영 사면에 펴 두었더라"는 말이 낯설기는 하지만 냉장 보관이 불가능했던 당시 중근동 사람들에게는 자연스러운 모습이었을 것이다. 지금도 중근동 지역 시장에 가면 말린 과일, 말린 생선, 말린 고기 등의 건조식품을 쉽게 발견할 수 있다.

고기가 아직 이 사이에 있어 씹히기 전에 여호와께서 백성에게 대하여 진노하사 심히
큰 재앙으로 치셨으므로 민수기 11:33

말린 먹거리는 사막의 더운 지역에서 살고 있는 이들에게는 상식적이고 익숙한 음식
문화였다. 가로 10센티미터에 세로 20센티미터 정도의 보도블록이 2만여 개 깔려 있
는 도로를 상상해 보라. 사방에 메추라기 포가 널려 있는 장면이 상상이 되는가?

이틀 사이에 백성들에게 메추라기 폭탄이 떨어지자 정신을 못 차릴 정도의 어마어마한 양의 메추라기를 잡아들였다. 이스라엘 백성들은 메추라기로 다시 포를 떠서 진영 사방에 널어놓았다. 요즘 말로 로또가 터진 것이다. 그것도 한두 명이 아닌 이스라엘 백성 전체에게 로또가 터진 것이다.

가족마다 수천에서 수만 마리의 메추라기를 단 이틀 동안 잡아들이고 집 앞에 포를 떠서 널어놓았을 때의 심정이 어땠을까? 세상을 다 가진 것 같았을 것이다. 여호와 하나님은 완벽히 내 편이고, 이제부터 탄탄대로가 펼쳐질 것이라고 자신만만했을 것이다. 입에 넣고 씹으면서 배가 터지도록 먹어도 넘쳐나는 고기를 보면서 마냥 좋았을 것이다.

그들 중에 섞여 사는 다른 인종들이 탐욕을 품으매 이스라엘 자손도 다시 울며 이르
되 누가 우리에게 고기를 주어 먹게 하랴 우리가 애굽에 있을 때에는 값없이 생선과
오이와 참외와 부추와 파와 마늘들을 먹은 것이 생각나거늘 민수기 11:4~5

그런데 이들에게 예상하지 못했던 일이 벌어졌다. 고기가 아직 이 사이에 있어서 씹히
기도 전에 재앙이 불어닥쳤다. 이스라엘 무리 가운데 사망자가 발견된 것이다. 무슨
일이 벌어진 것일까?

수많은 잡족과 양과 소와 심히 많은 가축이 그들과 함께 하였으며 출애굽기 12:38

출애굽 전에 이집트에 살던 이스라엘 백성들의 본업은 목축업이었다. 애굽의 노예로 서 각종 공사 현장에 동원되기도 했지만, 이집트인들이 천하게 여기던 목축업에도 종 사했다. 다시 말해 집에는 양, 염소, 나귀, 낙타들이 있었고, 출애굽 때 자연스레 끌고 나왔다.

양과 염소에서는 고기와 가죽과 우유를 얻을 수 있다. 뿐만 아니라 우유는 치즈와 버터도 만들 수 있다. 또 양과 염소의 가죽과 털은 이스라엘 백성들이 광야에서 머물 텐트는 물론이고 성막에 필요한 각종 재료로 사용되었다.

그러니 고기를 먹지 못한다는 불평은 요즘 말로 하면 가짜 뉴스였다. 이집트에 있을 때 값없이 생선을 먹었다는 불평도 문제였다. 이스라엘 백성들은 출애굽 후 꽤 많은 시간 동안 홍해 해안을 따라 이동했다. 이집트 고대 벽화에도 나일 강과 홍해에서 수많은 어종의 고기를 잡고 있는 장면이 나온다.

모세가 이르되 나와 함께 있는 이 백성의 보행자가 육십만 명이온데 주의 말씀이 한 달 동안 고기를 주어 먹게 하겠다 하시오니 그들을 위하여 양 떼와 소 떼를 잡은들 족하오며 바다의 모든 고기를 모은들 족하오리이까 민수기 11:21~22

세계에서도 손꼽히는 아름답고 풍부한 바다인 홍해 곁을 지나면서 유목민이나 다름없던 이스라엘 백성들이 물고기를 잡지 않을 이유가 없었다.

좀만 참아~.

못해 먹겠어요…

모세는 원망하는 백성들로 인해 맘고생이 이만저만이 아니었다. 그런 모세에게 하나님은 장로를 세우라 명하셨다. 그리고는 백성들의 원망에 대해 한 달 동안 먹고도 남을 고기를 주겠다고 하셨다.

파다다닥~!

모세도 받아들이기 힘든 말씀이었다. 장정만 60만 명이 넘는데, 온 가족이 먹을 고기를 어디서 얻을 수 있단 말인가? 그러나 하나님은 이들에게 또 한 번의 기적을 보여주셨다. 계절을 따라 이동하던 메추라기를 바다에서부터 몰아 백성들에게 보내 주신 것이다.

그러나 이스라엘 백성들의 문제는 고기를 못 먹는 것이 아니었다. 괜한 불평과 불만이었다. 모세를 향한 불평과 불만은 결국 여호와 하나님을 향한 불평과 불만이었다.

그것은 광야에서 하나님을 주인으로 삼고 살아가는 훈련을 받아야 할 이스라엘 백성들이 자신이 주인이 되어 하나님을 마음껏 부리고 싶어 하는 교만의 또 다른 모습이었다. 교만한 이스라엘 백성들은 모세를 향해 불평했다.

그 불평은 모세를 향했지만 하나님을 향한 도전이었다. 고기와 생선을 못 먹었다는 명분을 만들기는 했지만 사실은 거짓말이었다. 그런 그들이 눈앞에 쏟아진 메추라기에 정신을 잃고 한껏 교만해진 것이다.

그리고는 천천히 말려서 조심스럽게 먹어야 할 고기를 함부로 먹어 버렸다. 오늘 쏟아부어 주신 하나님의 은혜를 신뢰하면서 내일도 채워 주실 하나님을 의지했어야 했다. 그래서 부족한 소금의 양만큼만 포를 떠서 말리고 일용할 양식으로 감사히 먹어야 했는데, 그렇게 하지 않았다. 눈앞에 무언가가 채워지니 다른 일도 마음껏 해도 된다고 오만해진 것이다.

오만해져서 하나님께 도전하고 불평해 대던 그들에게 내려진 하나님의 진노의 재앙은 당연한 결과였다. 메추라기 1톤을 달라고 기도하기보다 하나님을 주인으로 삼고 하루 하루 감사함으로 살아갈 수 있는 삶을 위해 기도해야 할 이유가 여기에 있는 것이다.

메추라기 떼가 날아가는 소리, 메추라기 포의 냄새, 메추라기를 잡고 말리는 백성들의 흥분된 환호성은 며칠이 지나지 않아 재앙으로 인한 탄식과 원망과 후회의 소리로 바뀌었다. 광야의 그곳도 지금 우리가 사는 도시처럼 사람 사는 곳이었다.

출애굽 이전에 살던
애굽 땅, 즉 이집트의 풍속을
따르지 말아야 하며, 앞으로 가게 될
가나안 땅과 메소포타미아
바벨론의 풍속도
따르지 말아야 한다고
강조한다.

좌우로 치우치지
않는 삶

이집트파와 바벨론파

오직 강하고 극히 담대하여
나의 종 모세가 네게 명령한 그 율법을 다 지켜 행하고
우로나 좌로나 치우치지 말라
그리하면 어디로 가든지 형통하리니
여호수아 1:7

성경에서는 "좌로나 우로나 치우치지 말라"는 표현이 8번 등장한다. 우리가 흔히 알고 있듯이 이 말은 중도를 지키라는 의미일까?

성경에서 "좌로나 우로나 치우치지 말라"는 표현은 4가지 정도로 조금씩 다르게 사용되고 있다. 첫 번째는 방향을 나타낼 때다. 신명기 2장에는 출애굽한 모세와 이스라엘 백성이 광야의 여러 민족을 거쳐 지나가다 헤스본 왕 아모리 사람 시혼을 만나는 장면이 나온다.

나를 네 땅으로 통과하게 하라 내가 큰길로만 행하고 좌로나 우로나 치우치지 아

니하리라 신명기 2:27

모세는 시혼에게 조용히 헤스본 땅을 통과해 큰길로 갈 것이라고 말하면서 "좌로나 우로나 치우치지 않겠다"고 말했다. 이때의 표현은 말 그대로 직진해서 헤스본 지역을 통과하겠다는 뜻이다. 즉 지리적 방향을 표현한 것이다.

두 번째는 율법을 잘 지키라는 권면에 사용된다. 신명기의 5장 32절과 17장 20절, 여호수아의 1장 7절과 23장 6절에서 이 같은 용례로 사용되었다. 대개 설교나 성경공부 시간에 "좌로나 우로나 치우치지 말라"는 말의 의미로 가장 많이 인용되는 구절이다.

그러므로 너희는 크게 힘써 모세의 율법 책에 기록된 것을 다 지켜 행하라 그것을
떠나 우로나 좌로나 치우치지 말라 여호수아 23:6

네 구절의 공통점은 율법을 잘 지켜 그대로 행하라는 의미다. 흥미로운 점은 이스라엘
백성들의 좌우측에 율법을 지키지 못하게 하는 큰 유혹이 있음을 예상해 볼 수 있다는
것이다. 예를 들어 다이어트를 결심했는데, 오른쪽에는 맛있는 빵집이 있고 왼쪽에는
삼겹살 고기집이 있는 것과 같다.

너희는 너희가 거주하던 애굽 땅의 풍속을 따르지 말며 내가 너희를 인도할 가나안 땅의 풍속과 규례도 행하지 말고 너희는 내 법도를 따르며 내 규례를 지켜 그대로 행하라 나는 너희의 하나님 여호와이니라 레위기 18:3~4

세 번째는 공정한 법 집행을 강조할 때 사용된다. 신명기 17장 11절과 사무엘하 14장 19절에서 두 번 사용되었다. 마지막으로 신명기 28장 14절에서는 다른 신을 섬기지 말고 신앙의 지조를 지키라는 의미로 사용되고 있다.

"좌로나 우로 치우치지 말라"는 표현을 이해하는 데 있어서 레위기 본문은 상당히 중요한 사실을 알려 준다.

출애굽 이전에 살던 애굽 땅, 즉 이집트의 풍속을 따르지 말아야 하며, 앞으로 가게 될 가나안 땅과 메소포타미아 바벨론의 풍속도 따르지 말아야 한다고 강조한다. 이스라엘 백성이 출애굽 해서 광야에 머무는 동안 거대한 두 문명이 충돌하는 문화 속에 살아야 했다.

이집트를 떠나온 이스라엘 공동체가 떠돌던 미디안 광야는 지리·종교·정치·경제·문화적으로 거대한 두 문명의 각축장이었다. 친이집트파와 친바벨론파가 서로 경쟁했는데, 바벨론 포로 생활 이후까지 이어졌다.

이집트와 메소포타미아 문명의 바벨론은 지정학적인 면에서 분명한 차이가 있었다. 나일 강을 끼고 있던 이집트는 물이 부족한 중근동 지역에서 농업이 발전할 수 있는 천혜의 조건을 갖추고 있었다.

뿐만 아니라 다른 민족의 침입이 거의 없어 국가의 통치가 용이했으며, 처음부터 통일 국가의 형태로 강성한 국가로 발전해 나갔다. 이로 인해 강한 보수성과 폐쇄성이 특징이었다. 이에 반해 메소포타미아 문명의 바벨론은 정반대의 환경이었다.

티그리스 강과 유프라테스 강을 끼고 있던 바벨론은 개방된 사막지대와 초원지대로부터 이민족의 침입이 잦았다. 이로 인해 국가의 흥망성쇠가 되풀이 되었다. 그래서 개방적 · 동적 · 현실적인 문화가 특징이었다.

출애굽하여 광야를 유리하던 이스라엘 백성들은 좌로는 이집트 문명, 우로는 메소포타미아의 바벨론 문명 사이에 끼여 있었다. 그래서 성경은 이런 이스라엘 백성들에게 강력한 도전을 하고 있는 것이다.

해 뜨는 곳에서든지 지는 곳에서든지 나 밖에 다른 이가 없는 줄을 알게 하리라 나
는 여호와라 다른 이가 없느니라 이사야 45:6

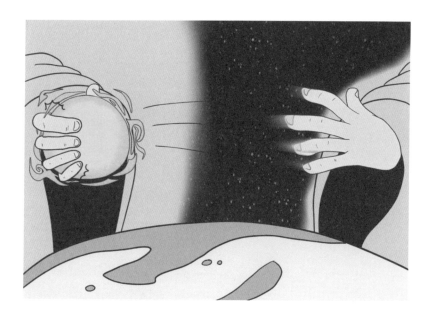

뿐만 아니라 해 뜨는 오른쪽의 메소포타미아부터 해 지는 왼쪽 이집트까지 좌우의 세
상 모든 곳을 하나님이 통치하신다는 것을 말씀하고 계신다. 이집트도 바벨론도 아닌
하나님이 세상의 통치자라고 말씀하고 계신 것이다.

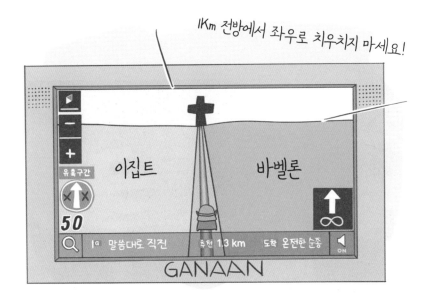

하나님은 이집트의 강성함과 풍족함을 그리워하지 말고, 메소포타미아 바벨론의 새로운 바알 체제도 따르려고 하지도 말라고 경고하신다. 그리고 오직 여호와 하나님의 법도를 따르는 삶을 살리라 명령하시는 것 아닐까?

우리에게 왼편의 이집트는 무엇이고, 오른편의 바벨론은 무엇인가? 좌우로 치우치지 않고 여호와 하나님의 법도를 따르는 삶은 어떤 삶을 말하는 것일까? 하나님보다 앞서 온통 내 관심이 쏠려 있는 곳은 없는가? 좌로나 우로나 치우치지 말자.

우리가 잘 알고 있는
왼손잡이 에훗의 이야기다.
그런데 에훗의 이야기에 꽤 흥미로운
장소와 장면이 등장한다. 모압 왕
에글론이 있던 '서늘한 방'과
에글론의 신하들이 말한 '그의 발을
가리우신다'는 장면이 그것이다.

왼손잡이 에훗의
칼빵

서늘한 방에서 큰일 보던 에글론 왕이 변을 당하다

에훗이 나간 후에 왕의 신하들이 들어와서
다락문들이 잠겼음을 보고 이르되
왕이 분명히 서늘한 방에서 그의 발을 가리우신다 하고
사사기 3:24

사사기의 저자는 "이스라엘 백성이 또 여호와의 목전에서 악을 행한다"는 말을 반복한다. 그만큼 사사기는 암울하다. 또다시 여호와 앞에서 이스라엘 백성들이 악을 행하자 하나님은 모압 왕 에글론을 강성하게 하셔서 18년 동안 모압을 섬기게 한다.

이스라엘 백성은 여호와 앞에 부르짖었고, 그들의 구원자로 왼손잡이 에훗이 등장한다. 에훗은 에글론에게 공물을 바치러 가면서 날선 칼을 허벅지 안쪽에 감추고 기회를 엿보았다. 그리고는 공물을 받아 든 에글론에게 은밀히 할 이야기가 있다고 전한다.

에훗이 그에게로 들어가니 왕은 서늘한 다락방에 홀로 앉아 있는 중이라 에훗이 이르되 내가 하나님의 명령을 받들어 왕에게 아뢸 일이 있나이다 하매 왕이 그의 좌석에서 일어나니 사사기 3:20

쉿~!

서늘한 다락방

에훗의 요청을 들은 에글론 왕은 모든 사람들에게 물러가도록 명한다. 그 후 에훗은 에글론의 방 안으로 들어갔고, 에글론은 '서늘한 다락방'에 있었다.

에훗이 나간 후에 왕의 신하들이 들어와서 다락문들이 잠겼음을 보고 이르되 왕이
분명히 서늘한 방에서 그의 발을 가리우신다 하고 사사기 3:24

에훗은 숨겨둔 칼을 꺼내 홀로 서늘한 방에 있던 에글론을 찌르고 사라진다. 한참 후
에 에글론의 신하들은 왕이 머무는 곳으로 들어왔고, 아무런 기척이 없는 것을 보고
당연한 듯 "서늘한 방에서 그의 발을 가리우신다"고 말한다.

우리가 잘 알고 있는 왼손잡이 에훗의 이야기다. 그런데 에훗의 이야기에 꽤 흥미로운 장소와 장면이 등장한다. 모압 왕 에글론이 있던 '서늘한 방'과 에글론의 신하들이 말한 '그의 발을 가리우신다'는 장면이 그것이다.

퀴즈: 아래 그림은 무엇일가요?
(힌트: 슬리퍼 아님!)

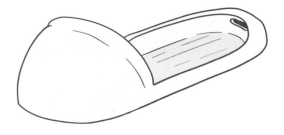

중근동 국가를 다녀온 남자들은 낯선 경험을 하게 된다. 공중화장실에서 소변기를 찾아보기 힘들다는 것이다. 중근동에서는 보편적으로 남자들도 앉아서 소변을 처리해야 한다. 뿐만 아니라 남녀 성별을 가리지 않고 대부분의 화장실에서 화장지가 비치된 경우는 보기 드물다.

고급 화장실은 비데를 사용하지만 대부분은 양변기 옆에 붙은 물 호스를 조절해 뒤처리를 하고, 없는 경우는 물통에 물을 받아 해결한다. 화장실에서의 뒤처리는 항상 왼손으로 한다. 즉 중근동에서 왼손은 화장실에서 뒤처리하는 더러운 손으로 여긴다. 만약 음식 서빙을 왼손으로 한다면 상대방에게 가장 심한 욕을 하는 것과 다름없다.

왜 이런 독특한 문화가 남아 있을까? 아마도 중근동 지역의 의복 문화 때문일 것이다. 지금도 중근동을 가면 남자들도 통치마 같은 전통 복장을 고수하고 있는 것을 쉽게 볼 수 있다. 이런 전통 복장을 한 남성들에게 소변기는 오히려 불편했을 것이다.

지금도 중근동 유목민들은 전통 복장을 하고 앉아서 용변을 본다. 그리고는 흙으로 덮어 처리하고 뒤처리는 마른 잎사귀 따위로 해결한다. 이것은 중근동의 오래된 화장실 문화다.

다시 에홋의 이야기로 돌아가 보자. '그의 발을 가리우신다'는 표현은 곧 화장실에서 큰일을 본다는 뜻이다. 통치마 같은 전통 복장의 남자들이 큰일을 보기 위해 앉으면 발이 가려지는 장면을 그려볼 수 있다.

그러면 '서늘한 곳'은 어디일까? 그렇다. 큰일을 보기 위한 곳이다. 다만 고대 중근동에서는 화장실이 건물 안에 있지 않았다. 우리나라도 조선시대만 해도 건물 밖에 화장실이 있었으며, 고대 중근동에서도 화장실을 건물 내에 두는 경우는 드물었다. 그러면 왕과 같이 지위가 높은 사람들은 용변을 어떻게 처리했을까?

중근동의 전통 건축물들은 우리와는 달리 평평한 지붕이다. 평평한 지붕 위에 종려나무 잎사귀 등으로 만든 가건물을 세우는데, 이것이 바람이 잘 통하는 서늘한 방이다.

모압 왕은 종종 지붕 위의 서늘한 방에서 용변을 보고 신하들이 뒤처리를 맡기곤 했다.
신하들은 왕의 인기척이 들리지 않자 서늘한 다락방에 올라가 큰일을 보고 있다고 확
신한 것이다. 어쨌든 에글론 왕이 서늘한 방에서 큰일을 보고 있었던 것은 분명하다.

'발을 가리운다'는 말과 '서늘한 다락방'의 의미를 알게 되면 에훗의 이야기가 더욱 실감나게 다가온다. 여기에 더하여 사사기 저자가 에훗을 왼손잡이로 묘사하고 있다는 점을 주목해 보자. 당시 왼손잡이는 대단히 환영 받지 못하는 존재였다.

그런데 이스라엘은 대국 모압의 에글론 왕에게 에훗의 왼손을 빌려 공물을 조공하고
자 한다. 왼손으로 음식을 먹거나 대접하는 것을 모욕이라 여겼던 중근동 문화에서 왼
손잡이의 손으로 조공을 바치는 것은 어떤 의미일까?

에훗과 에글론이 만나는 장면으로 돌아가 보자. 에훗의 요청을 들은 에글론은 사람들
을 물린다. 그리고 속이 좋지 않아 서늘한 다락방으로 올라 큰일을 치른다. 에글론이
사람들의 왕래가 없는 지붕 위 서늘한 다락방에서 볼일을 보는 사이, 우연히 에훗은
왕이 서늘한 다락방에서 큰일을 보고 있다는 것을 알게 된다.

하늘이 주신 기회라 생각했을 것이다. 에훗은 주저하지 않고 칼을 뽑아 들고 왕을 찌른다. 뒤처리하는 더러운 왼손. 그렇게 왼손잡이 에훗은 서늘한 방에서 큰일을 보고 있던 에글론 왕을 왼손으로 찔러 죽인다.

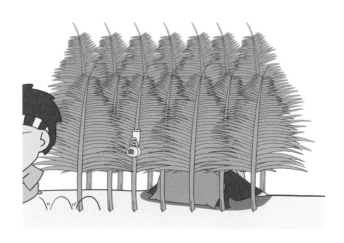

이동식 좌변기에 엉거주춤 앉아 큰일을 막 마친 왕은 아무런 대처도 할 수 없었다. 소리를 쳐도 신하들은 들을 수 없었다. 이 모든 일을 마친 에훗은 조용히 다락방 뒷문으로 나와 문을 걸어 잠그고 사라졌다.

에훗은 왼손잡이인 것이 부끄러웠을 것이다. 모압 사람들과 에글론 왕에게도 이스라엘은 부정한 왼손잡이 같은 존재였다. 이스라엘은 그런 에훗의 왼손으로 소심한 반항을 하는 처지였다. 하지만 하나님은 그런 에훗의 왼손을 들어 쓰셨다. 숨어 있던 많은 왼손잡이들은 이스라엘의 통쾌한 승리뿐만 아니라 부끄러운 왼손잡이를 선지자로 쓰시는 하나님을 보았을 것이다.

하나님의 마음으로 우리 시대의 왼손잡이들을 함께 돌아보자. 우리는 차별과 배제가 만연한 시대에 왼손잡이 에훗을 들어 쓰신 하나님을 마주해야 한다. 어리석은 자를 택하여 지혜로운 자를 부끄럽게 하시는 하나님, 약한 것을 택하사 강한 것을 부끄럽게 하시는 하나님을 기억해야 한다.

고대 가나안에서 소는
전쟁의 신으로 바알을 암시했다.
바알은 전쟁뿐 아니라 풍요와
번영을 가져다주는 농경의 신이었고,
가축 떼도 주관하는 목축의 신으로서
그야말로 전지전능한
최고의 신이었다.

삼갈의 소 모는
막대기

위대한 신 바알도 막대기 하나로

에훗 후에는 아낫의 아들 삼갈이 있어
소 모는 막대기로 블레셋 사람 육백 명을 죽였고
그도 이스라엘을 구원하였더라

사사기 3:31

해양 민족인 블레셋 사람들은 그레데Crete, 갑돌 섬에서 지중해를 건너와 지금의 이스라엘과 팔레스타인 지역에서 해안 평야 지대를 중심으로 자리 잡았다. 이들은 가나안 땅에 정착한 후로 자연스레 가나안 지역의 바알과 아세라를 그들의 신으로 받아들이게 되었다.

블레셋 사람들은 월등하게 앞선 철기 문명을 누리고 있었다. 이들의 문명은 겨우 청동기 문명을 맛보던 가나안 땅 주민들이나 새롭게 가나안에 정착해 가던 이스라엘 백성들을 압도했다.

168

바알입니다. 가나안의 우상이죠.

사사기 3장 31절은 삼갈 선지자가 강력한 해양 민족인 블레셋 사람 육백 명을 소를 모는 막대기만으로 쳐 죽였다는 기적 같은 이야기를 소개하고 있다. 이 본문을 이해하기 위한 가장 중요한 포인트는 바알이다. 물론 바알이라는 이름이 직접 등장하지는 않는다. 그러나 본문에는 바알에 대한 은유가 가득하다.

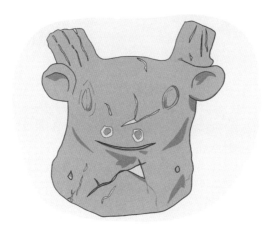

시리아 북쪽 지중해 가까운 곳에 우가릿Ugarit이라는 지역이 있었다. 도시 유적으로 유명한 우가릿의 라스 샴므라Ras Shamra에서 출토된 유물 가운데 기원전 14세기경으로 추정되는 바알 신상이 있다. 이 신상은 머리에 황소 뿔 모양의 투구를 쓰고, 오른손에는 망치 모양의 철퇴를, 왼손에는 끝이 뾰족한 지팡이를 들고 있다.

고대 가나안에서 소는 전쟁의 신으로 바알을 암시했다. 바알은 전쟁뿐 아니라 풍요와 번영을 가져다주는 농경의 신이었고, 가축 떼도 주관하는 목축의 신으로서 그야말로 전지전능한 최고의 신이었다. 그래서 블레셋 백성들의 보호자와 수호자 였던 바알을 이겨야 전쟁을 승리하는 것이었다.

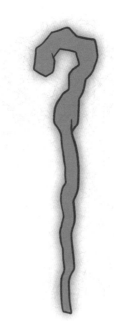

그렇다면 사사기 3장 삼갈의 '소 모는 막대기'라는 표현은 어떤 의미였을까? 단순하게는 문자 그대로 소를 치는 목동이 사용하는 막대기였다. 그런데 고대 이스라엘 지역에서 소는 흔하지 않았다. 사마리아 산지 북쪽부터 소 목축이 가능했다. 벧세메스 지역을 제외하고는 남쪽 유대 지방에서는 아주 드물었다. 그래서 실제로 소를 본 사람들은 아주 소수였을 것이다.

그렇다면 '소 모는 막대기'는 어떤 의미로 읽어야 할까? 완벽하고 위대한 전쟁과 다산과 풍요의 신 바알이 보잘것없는 소 모는 막대기를 든 목동 삼갈 앞에 고개를 숙이고 있는 장면을 상상해 볼 수 있다.

여호와 앞에서 바알은 그저 소치는 목동 앞에 놓인 한 마리의 소에 불과했다. 그리고 하나님은 말만 하지 않으시고 목동이 소 치는 막대기로 소들을 이리저리 몰고 다니듯 삼갈을 통해 블레셋을 물리치셨다.

그런데 한 가지 더 흥미로운 것은 '아낫의 아들 삼갈'이라는 표현이다. 삼갈의 아버지는 아낫이 아니다. 오히려 아낫^{Anath}은 가나안 여신의 이름이었다. 전쟁과 사랑의 신으로 가나안 사람들이 숭배했으며, 아세라 여신과 동일시되기도 했다.

이스라엘의 사사 삼갈이 이방신 아낫의 아들이라니! 아낫의 아들이라는 것은 아낫 신의 대리자라는 뜻이었다. 이는 삼갈이 이방인이었다는 표현으로 이해되기도 하고, 삼갈의 집안이 이방신을 섬겼다고 이해 할 수 있다. 그래도 뭔가 속 시원히 설명이 되지 않는다. 사사기는 왜 '아낫의 아들 삼갈'이라고 표현했을까?

이스라엘 백성들은 해양 민족인 블레셋의 강인함과 월등함에 기가 죽었다. 그들은 풍요의 신 바알과 아세라 그리고 아낫에게 고개를 숙였다. 여호와를 떠나 눈앞의 힘과 권력과 풍요로움에 빠져 버리고 말았다. 이런 이스라엘을 향해 사사기는 삼갈을 '아낫의 아들 삼갈'로 표현하고 있는 것이다.

뉴욕 남부의 금융 밀집 지역에는 월스트리트의 상징인 돌진하는 황소 상Charging Bull에 맞서는 두려움 없는 소녀 상Fearless Girl이 세워져 있다. 삼갈 이야기는 이보다 더 극적인 묘사를 담고 있다.

지금도 우리에게 아낫의 아들 삼갈을 보내셔서 소 모는 막대기로 블레셋을 무찌르겠다고 말씀 하시는 여호와 하나님의 통쾌하고 유쾌한 목소리가 들리지 않는가?

눈앞의 바알에 고개를 숙이고 있다면, 블레셋의 풍요로움과 번영에 기가 죽어 있다면 유쾌하고 통쾌하게 삼갈의 소모는 막대기로 기죽은 이스라엘을 부르시는 여호와께로 돌아가 보자.

천 마리를 번제단 위에
탑으로 쌓아올렸다는 말일까?
아니면 쉬지 않고
천 마리의 제물을
번제단에 올렸다는 말일까?

솔로몬의
일천 번제?

관용적 표현에 대한 문자적 해석이 낳은 오해

이에 왕이 제사하러 기브온으로 가니
거기는 산당이 큼이라
솔로몬이 그 제단에 일천 번제를 드렸더니
열왕기상 3:4

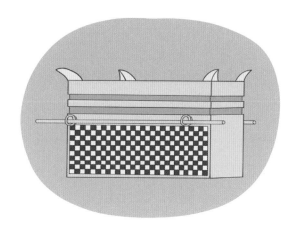

솔로몬이 일천 번제를 드렸던 장소는 기브온^{Gibeon} 산당이다. 솔로몬 시대의 번제단은 아카시아 나무를 놋으로 감싸서 만들었다. 출애굽 당시 하나님이 이스라엘 백성에게 명하여 만든 번제단의 크기는 가로와 세로 각 2.5미터, 높이 1.5미터 정도였다.

이 정도 크기의 번제단에 솔로몬이 일천 번제를 드린 것이다. 아무리 기브온 산당이 크고 웅장해도 제물은 번제단에서만 바쳐진다. 번제단이 수십 개였던 것도 아니다. 단 하나의 번제단에서 모든 제물이 바쳐져야만 했다.

여호와 앞 곧 회막 앞에 있는 놋 제단에 솔로몬이 이르러 그 위에 천 마리 희생으로 번제를 드렸더라 역대하 1:6

아카시아 나무의 두께와 놋으로 감싼 정도를 감안해 보면 제물은 소 한 마리나 양 또는 염소 두 마리쯤 가능했지만, 그 이상은 올리기 힘들었을 것이다. 대부분 경우에는 한 마리씩 번제단에 올렸다. 그렇다면 역대하 1장 6절은 어떻게 이해해야 할까?

천 마리를 번제단 위에 탑으로 쌓아올렸다는 말일까? 아니면 쉬지 않고 천 마리의 제물을 번제단에 올렸다는 말일까?

양, 염소, 소 등의 제물을 번제로 바치기 위해서는 도축한 후 배를 갈라 내장과 기름을 제거하고 번제단에 올려 불로 태워야 했다.

이스라엘 백성들은 낮에는 구름기둥으로, 밤에는 불기둥으로 인도하신 하나님을 찬양했다. 우편에서 그늘 되시는 하나님을 찬양했다. 낮의 해와 밤의 달을 주심을 찬양했다. 이는 죽음의 땅 광야에서 생명을 지켜 주심을 찬양한 생명의 노래인 것이다.

이스라엘 백성들에게 언제나 생명을 앗아갈 수 있는 위협적인 땅이었던 광야. 그런데 엘리야가 찾아간 브엘세바는 이중에서도 극한의 땅이었다. 엘리야는 이스라엘의 남쪽 끝, 이스라엘 사람들이 가장 살기 힘들다고 여기는 험악한 지역인 브엘세바 남쪽의 네게브 광야로 들어간 것이다.

솔로몬 시대에 아무리 도축에 능숙한 사람이라도 이 정도의 과정을 거치기 위해서는 최소한 반나절은 걸렸을 것이다. 그러니 혼자서 하루에 천 마리의 제물을 바치는 것은 물리적으로 불가능한 일이었다.

그렇다면 하루에 한 마리씩 천 일 동안 번제를 드렸다는 것일까? 오전에 한 마리, 오후에 한 마리씩 하루에 두 번의 번제를 드렸다면 500일, 크기가 작은 양이나 염소로 한번에 2마리씩 오전과 오후로 나눠 번제를 드렸다면 250일이 걸렸을 것이다.

어쨌든 이런 식으로 천 마리의 제물을 번제로 드렸다는 말일까? 그런데 이 경우에도 문제가 있다. 솔로몬이 머물던 예루살렘 성에서 기브온 산당까지는 골짜기 길을 따라 12킬로미터가 넘는 길이었다.

나귀에 탄 솔로몬이 병사들과 신하들을 거느리고 이동하면 아무리 빨라도 반나절이 걸리는 거리였다. 새벽부터 출발해 하루 종일 번제를 드리고 예루살렘 성으로 돌아오면 한밤중이 된다. 이런 강행군을 1년 이상 지속한다는 것은 한 나라의 왕이 아무 일도 하지 않고 번제만 드린다는 것인데, 당시 국내외 상황으로 볼 때 비상식적이다.

일천 번제를 이해하기 위해서는 고려해야 할 것이 또 있다. 번제를 위한 제물들을 누가 도축했느냐에 대한 의문이다. 레위기의 제사법에 따르면 번제물을 바칠 때에는 바치는 자가 직접 도축하고 제사장이 거들도록 되어 있다.

솔로몬의 일천 번제라면 솔로몬이 직접 도축해야 하고, 대제사장 아비아달을 비롯한 제사장들의 보조를 받아야 했다. 하지만 성경은 이에 대해 아무런 정보를 주고 있지 않다. 또한 솔로몬이 하루에 천 마리의 제물을 도축했을 리 만무하다.

그렇다면 매일 한두 마리의 제물을 도축하는 게 가능했을까? 그것도 일천 번제였는데!

또 다른 문제도 있다. 가로 세로 각 2.5미터의 번제단 안에 가득 채워서 동물을 태울 수 있는 땔감의 양은 얼마나 될까? 양이나 염소로 드리는 한 번의 번제를 위해서도 50킬로그램 이상의 땔감이 필요했다. 나무가 귀한 중동에서 일천 번제를 위한 땔감을 준비하는 일만으로도 어마어마한 대규모 사업이었을 것이다.

성경에서 솔로몬의 후궁이 칠백 명이고, 첩이 삼백 명이라고 한다. 합쳐서 일천 명이다. 예루살렘의 솔로몬 궁에 일천 명의 아내가 머무는 게 현실적으로 가능했을까? 솔로몬 시대에 예루살렘의 주민들의 숫자는 대략 오천 명 내외였다고 추측된다.

바꿔 말하면 예루살렘 인구의 5분의 1이 솔로몬의 아내였다는 말이다. 그런데 솔로몬의 아내가 천 명이라는 것은 어떻게 이해해야 할까? 성경에서 힌트를 얻을 수 있다.

왕은 후궁이 칠백 명이요 첩이 삼백 명이라 그의 여인들이 왕의 마음을 돌아서게 하였더라 열왕기상 11:3

창세기에 등장하는 이삭의 아내 리브가는 아브라함의 조카 브두엘의 딸이며 라반의 여동생이었다. 밧단 아람Paddan Aram 출신으로 아브라함의 종 엘리에셀을 따라 가나안 땅에 와서 이삭의 아내가 된다.

우리 누이여 너는 천만인의 어머니가 될지어다 창세기 24:60a

너는 천만인의
어머니가 될지어다
창세기 24:60

아브라함이 리브가를 만나 이삭의 아내로 삼기로 한 후 리브가의 가족들이 리브가에게 이렇게 말한다.

또 모세가 이스라엘 자손들을 축복하며 이렇게 말한다. "에브라임의 자손은 만만이요 므낫세의 자손은 천천이리로다" 신명기 33:17b 이스라엘 백성들이 다윗에 대하여 이렇게 칭송했다. "사울이 죽인 자는 천천이요 다윗은 만만이로다" 사무엘상 18:7b

이 외에도 이런 표현이 수없이 등장한다. 일천과 일만은 성경에서 대부분 '많음' '가득함'을 뜻하는 관용어로 사용된다. 즉 솔로몬의 일천 번제는 일천 회의 번제나 일천 마리의 번제가 아니라 많은 번제를 드린 데 대한 강조로 보는 것이 자연스럽다.

아~ 고되다!

한 나라의 국왕이 반나절을 걸어가서 직접 제물을 도축한 후 번제를 드리고 밤늦게 다시 왕궁으로 돌아오는 일은 결코 쉽지 않았을 것이다. 이 일을 열 번만 해도 백성들에게는 대단히 인상적으로 다가왔을 것이다.

성경은 그 횟수가 얼마인지보다 완전하고 충분해서 더할 나위 없이 완벽한 제사였음을 강조하는 것 아닐까? 솔로몬의 제사를 본 이스라엘 백성들이 '사울은 천천이요, 다윗은 만만이로다'라는 칭송처럼 솔로몬의 제사를 두고 일천 번제라고 극찬한 것으로 볼 수 있다.

솔로몬의 일천 번제를 두고 문자적으로 해석하여 '일천'을 강조하는 것은 적절치 못한 성경 읽기다. 이 본문을 두고 천일기도를 한다거나 천 번의 헌금을 드린다는 식의 해석은 온당치 못하다. 성경 시대의 문화를 살펴보지 않고 도리어 우리 조상의 문화를 억지로 적용해 성경을 해석한 대표적인 오해다.

엘리야는 이스라엘 사람들이
가장 험악하고 위험하다고 말하는
브엘세바 남단의 네게브 사막의
광야로 왔다. 심지어 동행한 수행원을
물리고 홀로 하루 종일 광야 길을
걸어왔다. 그리고 광야에 도착해
그늘이 많은 싯딤나무와 종려나무가 아닌
로뎀나무 아래를 선택했다.

너무나 비참했던
로뎀나무 아래

침엽수 댑싸리 아래에서는 쉼과 안식이 없다

자기 자신은 광야로 들어가 하룻길쯤 가서
한 로뎀 나무 아래에 앉아서 자기가 죽기를 원하여 이르되
여호와여 넉넉하오니 지금 내 생명을 거두시옵소서
나는 내 조상들보다 낫지 못하니이다 하고

열왕기상 19:4

성경에서는 도시에서 떨어진 곳을 들이나 광야라고 부른다. 광야에는 목축업을 하는 목자들이나 유목민들이 드물게 있을 뿐이다. 이곳에는 뜨거운 햇살, 거센 바람, 높은 일교차, 부족한 물, 국지성 호우 그리고 밤이 되면 맹수의 위협이 도사리고 있다.

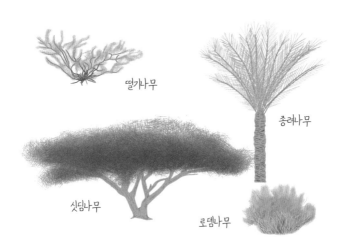

길을 잃으면 생명을 잃을 수 있는 곳이며, 인간도, 동물도, 식물도 살아가기 힘든 곳이다. 여기는 나무도 자라기 힘든 곳이다. 광야에서 자생하는 몇 안 되는 나무로는 떨기나무^{관목}, 종려나무^{대추야자}, 싯딤나무^{아카시아}, 로뎀나무^{댑싸리} 정도다.

이세벨이 사신을 엘리야에게 보내어 이르되 내가 내일 이맘때에는 반드시 네 생명을
저 사람들 중 한 사람의 생명과 같게 하리라 그렇게 하지 아니하면 신들이 내게 벌
위에 벌을 내림이 마땅하니라 한지라 열왕기상 19:2

응? 나?!

이런 광야를 보면서 한 가지 의문이 든다. 피난을 떠난 엘리야는 왜 일주일도 넘게 광
야 길을 걸어 로뎀나무 아래에 누웠을까? 나무가 크고 잎이 넓어 그늘이 많은 종려나
무나 싯딤나무를 두고 상대적으로 그늘이 얼마 되지도 않는 로뎀나무를 선택했을까?

전 국민의 관심이 집중되었던 바알과 아세라 선지자와의 싸움에서 승리한 엘리야다. 이는 당대 최고의 권력자인 이세벨을 이긴 것이나 다름없다. 그래서 이세벨은 엘리야를 가만히 두고 볼 순 없었다.

이세벨이 자신을 죽이려 한다는 소식을 들은 엘리야는 황급히 피난길을 떠났다. 수행원을 대동하고 나귀를 타고 광야를 가로질러 이스라엘의 최남단의 브엘세바로 갔다. 요단강 동편 길르앗 지방에 살던 이민자 엘리야는 북왕국 이스라엘을 떠나 남왕국 유다의 가장 끝자락 도시까지 단숨에 내달려온 것이다.

암사자와 수사자와 독사와 및 날아다니는 불뱀이 나오는 위험하고 곤고한 땅을
지나 이사야 30:6b

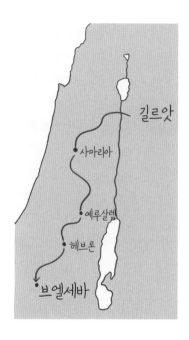

일주일이 넘는 여정이었다. 이스라엘의 수도 사마리아를 지나면 힘든 산길을 거쳐야
했다. 그리고 예루살렘과 헤브론을 거쳐 브엘세바까지 이르렀다. 이곳에서 엘리야는
함께한 종을 두고 홀로 하룻길을 걸어 광야로 들어갔다. 죽음의 위협이 턱밑까지 차오
르지 않고서는 이런 강행군을 할 수 없었을 것이다.

광야는 위험하고 곤고한 땅이다. 돌, 모래, 바람, 먼지, 더위, 추위가 생명을 위협하는 곳이다. 물과 음식을 찾기 힘들고 밤이면 맹수들이 눈에 불을 켜고 사냥을 다닌다. 언제 전갈과 뱀이 독을 머금고 달려들지 모르는 곳이기도 하다.

이 모든 것보다 가장 큰 위협은 날씨다. 한낮에 뜨거운 태양이 사라지면 무서운 추위가 찾아온다. 여름철에는 일교차가 30도를 오르내린다. 그래서 광야로 나갈 때면 한낮의 무더위와 바람을 막아줄 옷과 한밤의 매서운 추위를 이겨낼 외투를 걸쳐야 한다.

자기 자신은 광야로 들어가 하룻길쯤 가서 한 로뎀 나무 아래에 앉아서 자기가 죽기를 원하여 이르되 여호와여 넉넉하오니 지금 내 생명을 거두시옵소서 나는 내 조상들보다 낫지 못하니이다 하고 열왕기상 19:4

광야에는 40~50도까지 내리쬐는 강렬한 태양, 강한 바람, 무서운 맹수 그리고 도적떼들이 가득한 곳이다. 엘리야는 처음부터 이처럼 험악한 지역의 브엘세바를 피난처로 생각했을까? 엘리야는 왜 이런 땅끝 오지로 들어선 것일까?

홀로 죽음의 땅 광야로 들어선 엘리야는 로뎀나무를 선택했다. 그리고는 하나님께 죽여 달라고 요청한 것이다. 힘들어서 하는 푸념이 아니었다. 이세벨에 쫓기던 엘리야는 어느 순간 죽는 편이 낫다고 생각하고 자신이 죽을 자리를 찾아온 것은 아닐까?

엘리야는 이스라엘 사람들이 가장 험악하고 위험하다고 말하는 브엘세바 남단 네게브 사막의 광야로 왔다. 심지어 동행한 수행원을 물리고 홀로 하루 종일 광야 길을 걸어 왔다. 그리고 그늘이 많은 싯딤나무와 종려나무가 아닌 로뎀나무 아래를 선택했다.

주님… 진짜…

40~50도까지 내리쬐는 무시무시한 태양 아래, 나지막하고 그늘이라곤 거의 없는 로뎀나무 아래에 누워 그동안 참았던 속마음이 터져 나온다.
"하나님, 저를 죽여주세요."

본즉 머리맡에 숯불에 구운 떡과 한 병 물이 있더라 이에 먹고 마시고 다시 누웠더니

열왕기상 19:6

그리고는 로뎀나무 아래에 드러누워 잠을 청한다. 스스로 생의 마지막을 이렇게 선택한 것이다. 광야의 뜨거운 태양, 독뱀, 전갈, 한밤의 추위 그리고 맹수 등 어떻게 죽든 자신의 생명을 마감하려는 엘리야의 각오는 분명해 보였다.

그때 엘리야의 코로 익숙한 냄새가 났다. 로뎀나무 아래의 작은 그늘이 아닌 싯딤나무
나 종려나무보다 더 큰 그늘이 자신에게 드리워져 있었다. 천사는 엘리야에게 일어나
불에 구운 떡을 먹으라고 청했다.

뜨거운 광야에서 태양에 노출된 돌은 뜨거운 화덕처럼 달아올라 있었고, 그 위에 구운 떡의 냄새는 죽어 가던 엘리야에게 생명의 냄새로 다가왔을 것이다. 하나님이 보낸 천사는 로뎀나무로는 피하기 힘든 태양을 가려 시원한 그늘을 내어 주었고, 그가 들고 온 시원한 물은 생명수가 되었다.

로뎀나무를 찾은 엘리야가 선택한 것은 쉼이 아니었다. 우리는 로뎀나무 아래의 엘리야를 보면서 쉼이나 회복을 떠올린다. 그러나 엘리야에게 로뎀나무는 비참함의 장소였고, 죽음의 장소였다.

엘리야는 낮잠을 자고 잠시 쉬면서 회복을 기대하고 로뎀나무를 찾아간 것이 아니다. 절망이 극에 달해 죽음의 장소로 선택한 곳이 로뎀나무였다. 그러나 하나님은 절망과 죽음의 자리에 찾아오셔서 구운 떡과 물을 주면서 참 안식을 누리게 하셨다.

엘리야에게 "왜 절망하느냐, 왜 죽으려고 하느냐"고 묻지 않으셨다. 절망한 엘리야를 있는 그대로 받아 주셨다. 그저 떡과 물을 내밀며 지친 마음을 어루만지시고 다시 힘을 내서 가자고 손을 내미셨다. 생의 끝자락에 있던 엘리야에게 주신 하나님의 안식이었다. 죽음의 장소로 선택한 로뎀나무가 안식의 장소로 뒤바뀐 것이다.

절박함과 절망에 빠진 엘리야에게 하나님은 쉴 그늘과 마실 물을 주셨다. 스스로 삶을 포기하려던 엘리야와 함께하셨다. 엘리야의 행동을 책망하거나 가르치려고 오신 것이 아니다. 그저 곁에 머물며 그늘이 되어 주시고, 떡이 되어 주시고, 마실 생수가 되어 주셨다. 광야 죽음의 자리에서도 하나님은 '임마누엘'이셨다.

잔치에 초대된 사람들은
대부분 바닥에 자리를 깔고 앉아
음식을 먹는 것이 당연한 모습이었다.
이스라엘에서 상은 대단히
귀한 물건일 뿐만 아니라 이것을
사용할 수 있는 사람들도 지극히
제한적이었다.

최고의
밥상

원수의 목전에서 내게 상을 차려 주시고

주께서 내 원수의 목전에서 내게 상을 차려 주시고
기름을 내 머리에 부으셨으니 내 잔이 넘치나이다

시편 23:5

광야는 내리쬐는 태양, 급작스런 국지성 호우, 폭풍, 맹수의 공격, 강도의 습격이 빈번한 사망의 음침한 골짜기 그 자체다. 양을 치는 목자는 이런 위험한 상황이 닥칠 때 양 떼를 지키기 위해 혼신의 힘을 다한다. 동분서주하면서 양 떼를 지켜낸 목자는 자신보다는 지쳐 있는 양들의 허기진 배를 먼저 채워 준다.

그리고 양 떼의 상태를 꼼꼼히 살펴본 후 양 뿔에 담긴 올리브기름을 양의 다친 상처에 발라준다. 집으로 돌아온 뒤에는 양 떼들에게 갈증 난 목을 축일 수 있도록 물도 넉넉하게 부어 준다.

시편 23편 5절에서 인상적인 단어는 "상床을 차려 주신다"는 표현이다. 다른 역본을 잠시 비교해 보자.

주께서는, 내 원수들이 보는 앞에서 내게 상을 차려 주시고   표준새번역
원수들 보라는 듯 상을 차려 주시고   공동번역
You prepare a table before me   NIV

고대 이스라엘은 상이 아닌 바닥에 자리를 펴고 앉아 식사를 했다. 대부분 이스라엘 백성들은 바닥에 앉아 식사를 한 것이다. 도시민이나 광야의 유목민이라 해도 크게 다르지 않았다. 다만 귀족이나 왕족의 경우 상을 사용할 수 있었다.

귀족이나 왕족이 사용하는 상도 우리에게 익숙한 형식과 모양의 식탁은 아니었다. 당시 문명이 가장 발달한 이집트에서도 파라오가 등받이 없는 걸상에 앉아 작은 크기의 상에서 먹었다. 오늘날의 보조 탁자 정도의 크기였다.

귀족이나 왕족이 잔치를 베풀어도 작은 상에 앉아 식사할 수 있는 사람들은 극히 제한적이었다. 상을 소유한 사람들은 소유 자체만으로도 높은 신분의 상징이었고, 그런 사람들이 잔치를 열면 그곳에 초대된 것만으로도 대단한 영광이었다.

잔치에 초대된 사람들은 대부분 바닥에 자리를 깔고 앉아 음식을 먹는 게 당연한 모습이었다. 이스라엘에서 상은 대단히 귀한 물건일 뿐만 아니라 이것을 사용할 수 있는 사람들도 지극히 소수였다.

잉~ 주님~

그런 시절에 시편의 목자는 보잘것없어 보이는 이에게 값진 올리브기름을 아낌없이 발라 주신다. 또 가슴속까지 시원한 물을 원 없이 주신다. 그리고는 최고의 존엄만 앉을 수 있는 식탁위에 진수성찬을 차려 놓고 함께 먹고 마시자고 초청하신다.

얼마 전까지만 해도 죽음이 턱밑까지 엄습했는데, 눈을 떠 보니 나를 죽이려 달려들던 원수들이 내 눈앞에 쓰러져 있다. 아무 힘도 쓰지 못하고 제압당해 있다. 그 앞에서 주님은 잔치를 열고 나를 존귀하게 여겨 주신다. 그 어떤 밥상보다 주님은 내게 최고의 밥상을 차려 주신다. 주님이 나의 최고의 밥상이 되신다.

평민들에게는 꿈도 못 꿀 일이다. 잔치에 초대되는 것만으로도 큰 명예로 여겼던 시절이었다. 게다가 원수에게 쫓겨 사망의 음침한 골짜기에 내팽개쳐진 삶이었다. 목숨을 건진 것만으로도 다행이라 여기고 참고 견디며 살아내야만 하는 삶이었다.

여호와께서 내 주에게 말씀하시기를 내가 네 원수들로 네 발판이 되게 하기까지 너는 내 오른쪽에 앉아 있으라 하셨도다 시편 110:1

그런 삶에 주님이 찾아오셨다. 상처 난 몸과 마음을 어루만져 주셨다.

그리고 하나님은 나의 원수들을 짓밟아 발 받침대로 사용하기까지 싸우겠다고 하신다. '너는 내 곁에 서서 마음껏 쉬고, 내가 하는 일을 보라'는 것이다. 사망의 음침한 골짜기와 같은 현실일지라도 여호와는 나의 목자가 되셔서 내게 최고의 밥상을 차려 주시고 그 자리로 초대하고 계심을 잊지 말아야 한다.

전쟁에서 승리한 왕은
자신이 정복한 국가의 왕의 머리를
들게 했다. 그것은 완전한 정복과 지배를
뜻하는 것이었다. 이러한 문화는
고대 이집트만 아니라 메소포타미아
벽화에 잘 표현되어 있다.
즉 메소포타미아 지역에서도 항복과
굴복을 뜻하는 의미로
사용되었던 것이다.

문들아
머리 들어라

문과 머리의 비밀을 찾아서

문들아 너희 머리를 들지어다 영원한 문들아 들릴지어다
영광의 왕이 들어가시리로다 영광의 왕이 누구시냐
강하고 능한 여호와시요 전쟁에 능한 여호와시로다
문들아 너희 머리를 들지어다 영원한 문들아 들릴지어다
영광의 왕이 들어가시리로다 영광의 왕이 누구시냐
만군의 여호와께서 곧 영광의 왕이시로다 (셀라)

시편 24:7~10

시편 24편은 우리에게 「문들아 머리 들어라」라는 찬양으로 더 익숙하다. 경쾌하고 비장함이 느껴지는 이 찬양을 부르면서 뭔가 문을 들긴 들어야겠는데, 무슨 문을 들어야 할지 한 번쯤 고개를 갸웃거려 본 기억이 있을 것이다. 내 마음의 문을 열어야 하는 것인지, 아니면 또 다른 문이 있는 것인지?

이 시에 등장하는 주요 단어들의 의미를 살펴보면 과연 우리가 어떤 문을 들어야 할지, 그래서 여호와가 영광의 왕이라는 의미가 무엇인지 알 수 있다. 그 의미를 찾기 위해 이 시가 처음 쓰인 고대 이집트로 가 보자.

이 시의 배경이 되는 고대 이집트 제국과 그 지배를 받던 이들에게 있어서 '영광의 왕'은 바로 파라오였다. 당시의 파라오는 최고의 능력자이며, 전능자였다. 파라오는 강한 오른팔로 적을 무찌르는 최고의 용사였다. 고대 이집트 신전 벽화에는 파라오가 강한 팔로 적을 무찌르는 모습이 곳곳에 등장한다.

고대 이집트는 크고 작은 도시국가로 이루어져 있었다. 즉 크고 작은 여러 성이 존재하고 있었다. 당연히 각 성마다 다른 왕이 있었는데, 그런 왕들에 비해 파라오는 압도적으로 강하고 영광스러운 왕이었다. 그 영광의 왕 파라오가 크고 작은 성들을 정복하기 시작했다.

파라오는 수많은 성의 성문을 열고 들어가 정복했고, 그 성의 왕은 파라오 앞에 무릎을 꿇어야 했다. 그렇지 않으면 결국 목이 잘려져 파라오 앞에 머리가 들리기 때문이다. 수많은 성의 왕들이 파라오 앞에 무릎을 꿇거나 목이 잘려 나갔다. 그리고 파라오는 더욱 강력한 영광의 왕으로 칭송 받았다.

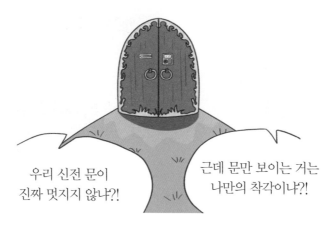

고대 이집트나 메소포타미아의 수많은 도시국가에는 대부분 한가운데나 높은 언덕에 화려한 신전이 자리 잡고 있었다. 나라를 지키는 수호신이 자리한 곳이기 때문이다. 그 수호신은 영원한 존재여야만 했다. 그래서 신전의 문은 영원한 존재인 수호신을 만나러 가는 영원한 문이었다. 영원한 존재가 영원한 문을 통해 자신들을 영원히 지킬 것이라는 소망이 담겨 있었다.

우리 문화에서 머리를 치켜드는 것은 대단히 도전적인 의미가 있다. 그래서 동네 노는 형들이 지나가는 동생들을 향해 "눈 깔어!"라고 한 마디로 제압한다. 그런데 고대 이집트 문화에서 '머리를 든다'는 것은 정반대의 의미였다.

전쟁에서 승리한 왕은 자신이 정복한 국가의 왕의 머리를 들게 했다. 그것은 완전한 정복과 지배를 뜻하는 것이었다. 이러한 문화는 고대 이집트만 아니라 메소포타미아 벽화에 잘 표현되어 있다. 즉 메소포타미아 지역에서도 항복과 굴복의 의미로 사용되었다.

시편 24편의 시를 처음 접했던 이들은 꽤나 충격적이었을 것이다. 자신들이 알고 있는 영광스러운 왕, 영원한 왕, 만군의 왕은 오직 파라오 한 명뿐이었을 테니 말이다. 어쩌면 이들뿐 아니라 후대 바벨론 시대의 사람들도 바벨론 왕을 떠올리지 않았을까?

그런데 이 시에서는 투사이자, 왕이자, 신이기도 했던 절대 권력자 파라오의 이미지를 그대로 가져와 그보다 위대한 영광의 왕이 있다고 말한다. 세상 모든 왕이 고개를 숙인 파라오도 고개를 숙여 머리를 들게 하는 왕이 있다고 말한다.

이 시는 적을 향한 강력한 선전 포고다. 흥미로운 것은 아주 작고 보잘것없는 존재가 이집트 제국의 황제이자 신이며, 온 세상을 통치하는 영원불멸의 존재인 파라오의 목을 달라고 외치고 있다. 이집트 대제국의 성문을 열고 항복하라고 외치고 있는 것이다.

그것은 여호와가 눈앞에 보이는 영원한 왕 파라오보다 더 위대한 왕이시기 때문이다. 만군의 여호와가 진정한 영광의 왕이라는 고백이다. 결코 열릴 것 같지 않던 이집트 제국의 문을 활짝 열 수 있는 분이시며, 파라오의 머리를 들게 하실 분이기 때문이다.

그런데 이런 고백에 바탕을 둔 시가 파라오를 믿던 이집트 제국 사람들에게는 어떻게 다가왔을까? 이것은 신에 대한 모독이고, 제국에 대한 조롱으로 간주되었다. 상상할 수 없는, 있을 수도 없는 일이었다.

도저히 넘볼 수 없는 존재인 파라오도 무릎 꿇린 여호와가 지금 나에게는 어떤 존재인가? 내 상식과 이성을 뛰어넘는 여호와가 내 앞에 어떤 모습으로 서 있는가? 그리고 그분을 주인으로 인정한다는 나와 우리는 지금 이 시대에 그분을 어떤 존재로 드러내고 있는가?

이집트의 절대권력 바로 앞에 선 모세가 이런 심정이었을까? 앗수르 대제국으로 발걸음을 돌리던 요나가 이런 심정이었을까? 시편 24편의 선포는 허공에 외쳐대는 독백이 아니다. 내 눈 앞에, 일상 가운데, 그리고 마음속에 자리 잡은 두려움과의 싸움인 것이다. 하나님을 대적하고 하나님나라의 가치를 부정하는 모든 것에 대한 실제적이고 구체적인 싸움이다.

228

우리는 하나님을 거부하는 모든 것에 대해 선전 포고를 하고 출사표를 던져야 한다.
그리고 진정한 영광의 왕이신 하나님을 의지해 용기 있게 일상을 살아야 한다. 그리고
담대히 노래하자.
"문들아, 머리 들어라! 진정한 영광의 왕이 바로 내 하나님이시다!"

신성함이 넘치는
헤르몬 산에 비유해 머리에
보배로운 기름이 흘러넘치는 것이 더 없는
큰 축복이라 여겼던 그들을 염두에 두고
화관을 떠올려 보라. 그리고 화관이 재를
대신해 기쁨의 기름을 준다는 표현에도
주목해 보라. 왜 화관이 기쁨의 기름을
가져다준다고 했을까?

죽음에서
생명으로

재 대신 화관을 내게

무릇 시온에서 슬퍼하는 자에게 화관을 주어
그 재를 대신하며 기쁨의 기름으로 그 슬픔을 대신하며
찬송의 옷으로 그 근심을 대신하시고
그들이 의의 나무 곧 여호와께서 심으신
그 영광을 나타낼 자라 일컬음을 받게 하려 하심이라
이사야 61:3

♬ 재 대신 화관을 내게~ ♪

"재 대신 화관을 내게, 슬픔 대신 희락을, 근심 대신 찬송의 옷을 입히사"
우리에게 익숙한 이 찬양은 「재 대신 화관을」의 일부분이다. 이 곡은 이사야 61장의 본
문을 인용한 성경 찬양이다.

재와 화관이 대조를 이루며, 재는 슬픔과 근심을 상징하고 화관은 기쁨의 기름과 찬송
의 옷을 상징하고 있다. 이 찬양을 부르면서 누구나 내 안의 슬픔과 근심이 기쁨과 찬
송으로 바뀌길 바라는 심정이었을 것이다.

성경에는 슬픔이 극에 달했을 때, 그래서 죽을 만큼 힘들어서 하나님을 찾을 때 재를 뒤집어쓰고 울면서 부르짖는 장면이 곳곳에 나온다.

모르드개

다말

다니엘

재를 머리에 덮어쓰고 채색옷을 찢고 크게 울면서 부르짖거나사무엘하 13:19, 옷을 찢고 굵은 베옷을 입고 재를 뒤집어쓰고 울거나에스더 4:1, 금식하면서 베옷을 입고 재를 덮어쓰고 간구하는다니엘 9:3 모습으로 묘사된다.

그냥 삶이 힘든 정도가 아니다. 죽을 만큼 힘든 상황인 것이다. 죽기 일보 직전에 몰렸을 때 베옷을 입고 금식을 하면서 크게 울부짖는 상황이다. 그렇게 인생이 막장에 이르러 더 이상 희망이 없는 상황이 재를 뒤집어쓰고 있을 때다.

보라 형제가 연합하여 동거함이 어찌 그리 선하고 아름다운고 머리에 있는 보배로운 기름이 수염 곧 아론의 수염에 흘러서 그의 옷깃까지 내림 같고 헐몬의 이슬이 시온의 산들에 내림 같도다 거기서 여호와께서 복을 명령하셨나니 곧 영생이로다 시편 133:1~3

'재를 뒤집어쓴다'는 표현은 우리에게도 꽤나 익숙하다. 그런데 죽음 바로 직전의 상황에서 재를 뒤집어쓰고 있는 것과 대비되는 '화관'은 도대체 어떤 의미일까? 우리말 그대로 꽃 모자를 머리에 쓰고 있는 것일까? 재를 뒤집어쓰고 있는 내가 재를 털어내고 꽃 모자를 쓰고 기뻐하는 모습을 표현하는 것일까?

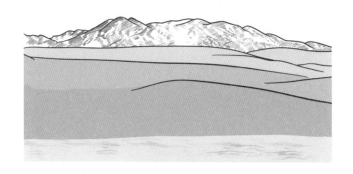

성경에서 헐몬Hermon이라고 불리는 헤르몬 산은 '거룩한 산'이라는 뜻이다. 현재 시리아의 수도로서 다마스쿠스Damascus로도 알려진 다메섹의 남서쪽에 자리한 해발 2,814미터, 폭 30킬로미터의 웅장한 산이다. 일 년 내내 만년설이 뒤덮여 있어 백발산이라고도 불리며, 이곳에서 물이 흘러 요단 강의 수원이 되고 갈릴리 호수까지 흘러간다.

'머리에 있는 보배로운 기름이 흘러 넘치는 것'을 헤르몬 산에 비유하는 것은 당시 사람들에게는 너무도 익숙한 표현이었다. 우리가 "백두산의 정기를 받아 힘을 냅시다"라는 말을 들었을 때 별다른 해석이 없어도 누구나 이해하는 것과 같다.

보배로운 기름이 넘치는 헤르몬 산처럼 화관을 쓰는 것은 머리에 기름을 바르고 존귀로 관을 쓰는 일이었다. 축복이 넘쳐나길 바라는 마음이 가득 담긴 문화였다. 그래서 화관이 재를 뒤집어쓸 정도의 슬픔을 물리치고 기쁨의 기름을 준다고 했던 것이다.

오래 전 중근동에서는 초대한 손님의 머리에 올리브기름을 발라주었다. 손님을 극진히 맞이한다는 의미였다. 손과 발을 씻을 물과 입맞춤과 머리에 붓는 올리브기름은 잔칫집에서 극진히 손님을 환대하는 중요한 의식이었다.

구약성경에서 선지자 사무엘이 다윗에게 기름을 붓는 장면이나 왕과 제사장이 기름부음을 받는 장면은 당시의 향유 문화를 그대로 보여 준다. 신약성경에서 예수님 시대에 손님에 대한 환대와 환영의 의미로 머리에 기름을 부어 주는 장면도 같은 맥락이었다.

중근동의 이런 문화는 지금까지 이어지고 있다. 이집트를 여행하다 보면 수많은 향수 매장을 볼 수 있고, 걸프Gulf 지역의 남성들은 향기가 나는 주머니가 달린 옷을 입기도 한다. 지금도 터키에서는 고속버스로 장거리 여행을 하는 손님들에게 향수를 뿌려주거나 손에 부어 주기도 한다.

머리에 있는 보배로운 기름이 왜 헤르몬 산 같다고 했을까? 재 대신 화관을 주어 기쁨의 기름이 되게 하겠다는 말이 무슨 의미였을까? 그리고 성경은 재와 화관을 대조하면서 무엇을 말하고자 했을까?

성경 속 화관은 우리에게 익숙한 왕관의 모양이 아닌 것으로 보인다. 향유가 담긴 고깔 모양의 통으로 볼 수 있다. 그래서 성경에서는 '머리에 기름을 바른다'는 표현과 '존귀로 관을 쓴다'는 표현이 화관의 또 다른 표현으로 사용되었다.

이사야 61장 10절에는 "신랑이 사모를 쓰며"라는 표현이 있다. 이 사모와 61장 3절의 화관은 히브리어로 '꾸미다, 장식하다'라는 뜻의 페에르פאר에서 파생된 같은 단어다. 결혼식 때 신랑을 꾸미기 위해 쓰던 모자, 잔치 때 기쁨을 표현하기 위해 쓰던 모자였다.

영국 고고학자 조안 패덤Joan Padgham은 그의 박사 학위 논문에서 이렇게 설명한다. "고대 이집트 문화에서는 향기 나는 모자perfume cone가 있었다. 이집트의 예술 작품에는 황색과 백색의 원뿔형 모자가 있었다. 축제나 잔치 때 머리에 쓰던 향기 나는 원뿔형 모자는 남자뿐 아니라 여자들도 착용했다."

고대 이집트에서는 원뿔형 모자에 향유를 넣고 잔치나 축제에서 향과 기름으로 잔치의 흥을 더하고 복을 더하는 데 사용했다. 그래서 결혼하는 신랑의 머리에 쓰던 화관도 인생 중 가장 기쁜 시절을 상징하는 것으로 자연스레 그려졌다.

헤르몬 산의 눈 녹은 물이 이스라엘 땅에 촉촉이 스며들 듯 잔칫집에서 화관에 담긴 보배로운 기름이 잔치에 참석한 이들의 옷깃까지 흘러내린다. 마치 아론의 수염과 옷깃까지 흘러내리는 기름처럼 말이다. 이 시는 넘치는 복을 눈과 코와 귀로 보여주고 있다.

죽음의 자리에서 재를 뒤집어 쓴 사람이 축제나 잔치에 참여할 때 머리에 쓰는 화관을 썼다. 화관을 쓴다는 말은 다른 말로 머리에 향유를 바른다는 것이기도 하다. 이것은 헤르몬 산의 만년설이 녹아 메마른 땅의 생수가 되듯이 죽어가는 내게 여호와의 구원이 임한다는 것이었다. 다시 말해 죽음에서 생명으로 전환되는 순간이었다. 그곳이 기쁨의 자리이고, 그보다 기쁜 순간은 없었을 것이다.

하나님의 구원은 우리에게 그렇게 임한 것이다. 죽음의 자리에서 아카데미상 시상식장의 레드카펫을 밟는 주인공이 된 것처럼 말이다.

그동안 우리는
이 호세아서를 읽으면서 종교적 음행에만
주목했다. 고멜이라는 한 여인으로
상징되는 소외되고 힘없는 여성들과
소수자들이 견뎌내야 했던
가슴 아픈 시대를 읽지 못했다.
우리는 낮은 자를 향한
하나님의 마음을 읽지 못했다.

피해자의
시선으로

왜 고멜은 음탕한 여인으로 기억될까?

여호와께서 처음 호세아에게 말씀하실 때
여호와께서 호세아에게 이르시되
너는 가서 음란한 여자를 맞이하여 음란한 자식들을 낳으라
이 나라가 여호와를 떠나 크게 음란함이니라 하시니
이에 그가 가서 디블라임의 딸 고멜을 맞이하였더니
고멜이 임신하여 아들을 낳으매

호세아 1:2~3

"음탕한 저 고멜과 같이도 방황하던 나에게…"
고멜은 우리에게 복음성가의 한 구절로 다가왔다. 그리고 성적으로 타락한 여자의 대
명사가 되어 버렸다.

인간들 중에
우리보다 못한 것들도
되게 많던데,
왜 우리한테
그런다냐?!

고멜이라는 이름의 의미도 한몫했다. '암탕나귀'라는 뜻인데, 이는 유대인들이 남을 비
웃거나 욕할 때 사용하던 말이었다. 우리나라의 '개' 또는 '암캐'와 비슷하다고 생각하
면 된다.

그런데 고멜의 부모는 왜 자녀의 이름을 이렇게 지었을까? 이상한 이름을 가진 고멜은 세 자녀를 낳게 된다. 불행한 이름으로 살아온 고멜은 하나님이 정해 주신 세 자녀의 이름을 듣게 된다. 첫째 아들의 이름은 이스르엘이다. 이스라엘에서 유명한 '이스르엘 골짜기'에서 따온 이름이다. 둘째 딸의 이름은 로루하마다. '긍휼히 여김을 받지 못한 자,' 즉 '미움 덩어리'라는 뜻이다.

그들이 산꼭대기에서 제사를 드리며 작은 산 위에서 분향하되 참나무와 버드나무
와 상수리나무 아래에서 하니 이는 그 나무 그늘이 좋음이라 이러므로 너희 딸들은
음행하며 너희 며느리들은 간음을 행하는도다 너희 딸들이 음행하며 너희 며느리들
이 간음하여도 내가 벌하지 아니하리니 이는 남자들도 창기와 함께 나가며 음부와
함께 희생을 드림이니라 깨닫지 못하는 백성은 망하리라 호세아 4:13~14

마지막 셋째 아들의 이름은 로암미다. '내 백성이 아니다'라는 의미로 '오랑캐'라고 생
각하면 된다. 첫째 자녀의 이름이야 '하나님께서 파종하셨다'라는 의미이니 괜찮았을
지 모르지만, 둘째와 셋째 자녀의 이름이 정해졌을 때 고멜의 마음은 어떠했을까?

하나님은 타락한 이스라엘의 주범으로 남자들을 지목하셨다. 그러면서 딸들이 음행하고 며느리가 간음해도 벌하지 않겠다고 말씀하셨다. 도대체 무슨 일이 벌어지고 있었던 것일까? 당시 가나안 지역은 다산을 위한 종교의식으로 바알 숭배 후 성행위를 하는 종교의식도 행해지던 때였다.

그런데 이스라엘의 남자들도 이러한 바알 숭배와 성적인 의식을 그대로 가져왔다. 마치 바알의 산당을 연상시키는 작은 산, 참나무, 버드나무, 상수리나무 아래에서 우상 숭배를 했던 것이다.

네가 옛적부터 네 멍에를 꺾고 네 결박을 끊으며 말하기를 나는 순종하지 아니하리라
하고 모든 높은 산 위에서와 모든 푸른 나무 아래에서 너는 몸을 굽혀 행음하도다

예레미야 2:20

가부장적이고 남성 권력이 중심이던 시대에 여성들은 자기 운명을 선택할 권리가 없
었다. 레위기의 율법 정신은 이미 사라진 지 오래되었다. 연약한 여인들의 음행은 돌
에 맞아 죽을 일이었다. 그런 시대에 딸과 며느리들의 음행이 빈번했다면 남자들이 가
만두지 않았을 것이다. 그렇다면 여성들이 음행하고 간음했다는 말은 무엇을 의미할
까?

그들이 먹어도 배부르지 아니하며 음행하여도 수효가 늘지 못하니 이는 여호와를 버리고 따르지 아니하였음이니라 호세아 4:10

바알의 다산 의식에 빠져 있던 남자들, 특히 제사장, 예언자, 정치 권력자 그리고 한 집안의 가장이었던 남자들은 자신의 딸과 며느리까지도 바알 숭배의 매음 현장에 제물로 내몰았다. 하나님의 법이 무너진 시대였고, 레위기의 정신이 사라진 시대였다. 약하고 의지할 곳 없는 여성들과 사회적 약자들이 기댈 곳이라고는 사라진 시대였다.

여호와께서 내게 이르시되 이스라엘 자손이 다른 신을 섬기고 건포도 과자를 즐길지
라도 여호와가 그들을 사랑하나니 너는 또 가서 타인의 사랑을 받아 음녀가 된 그
여자를 사랑하라 하시기로 호세아 3:1

이런 시대를 살고 있던 고멜은 음탕한 여자였을까? 그 험난한 시대를 살았던 힘없는
수많은 여성들과 소수자들은 지탄 받아 마땅한 죄인이었을까? 바알 숭배는 단지 종교
적 타락의 문제가 아니었다. 사회 전반에 걸쳐 온갖 불의와 악행이 넘치게 되는 원인
이었다. 하나님께서 고멜과 고멜이 낳은 자녀들의 이름을 그토록 절망적으로 지은 이
유가 이해되는 대목이다.

호세아는 집 나간 아내를 찾아오기 위해 나귀 한 마리와 은 15세겔과 보리 한 호멜homer 반을 준비했다. 한 호멜은 나귀 한 마리에 가득 실을 수 있는 양을 말하는데, 이보다 넘치는 양의 보리를 준비한 것이다.

당시 20~60세의 여성이 종으로 팔려 갔을 때 되찾아 오는 가격이 은 30세겔이었던 것으로 미뤄 볼 때 보리 한 호멜 반은 은 15세겔 정도였다. 은 30세겔만 들고 다녀도 될 길을 호세아는 왜 아내를 찾기 위해 보리 한 호멜 반을 나귀 등에 싣고 힘겹게 간 것일까?

호세아의 형편은 그다지 넉넉한 편은 아니었을 것이다. 은보다 저렴한 밀도 있는데, 밀보다 저렴한 보리 한 호멜 반을 나귀에 싣고 가져간 것을 보면 추측할 수 있다. 호세아는 힘겹게 준비한 전 재산과 다름없는 은 15세겔과 보리 한 호멜 반을 나귀 등에서 내려놓고 암탕나귀 고멜을 태워 집으로 돌아왔다.

호세아서는 타락한 이스라엘이 하나님 앞에서 바알을 숭배하는 온갖 음행을 벌이는 것에 대해 한 여인 고멜을 통해 비유로 말씀하시는 책이다.

그동안 우리는 이 호세아서를 읽으면서 종교적 음행에만 주목했다. 고멜이라는 한 여인으로 상징되는 소외되고 힘없는 여성들과 소수자들이 견뎌내야 했던 가슴 아픈 시대를 읽지 못했다. 우리는 낮은 자를 향한 하나님의 마음을 읽지 못했다.

번영과 성공에 집중하다 보면 어느새 소외되고 힘없는 자들은 우리의 관심에서 사라진다. 오히려 내 성공을 위해 이용하고 버리거나 걸림돌이 된다면 제거해 버릴 대상으로 여기게 된다. 고멜로 상징되는 여성들이 지금까지 그렇게 우리 곁에 존재했던 것이다.

그런 시대를 살던 이스라엘 백성들에게 하나님은 고멜을 통해 말씀하신다. 음탕한 고멜이 아니었던 것이다. 음탕한 것은 나였고, 고멜은 내가 보듬고 살펴야 할 내 곁의 이웃이었다. 낮은 자를 향한 하나님의 마음을 읽는 성경 읽기가 꼭 필요한 시대다.

내가 아닌 그들에 의해,
내가 받을 복이 결정된다는 것이다.
게다가 십일조는 레위인만을 위한 게
결코 아니었다. 오히려 레위인은 앞서
설명한 사람들이 받은 후에야
혜택을 받을 수 있었다.

온전한
십일조

십일조, 꼭 합시다!

너희 땅이 아름다워지므로
모든 이방인들이 너희를 복되다 하리라
만군의 여호와의 말이니라
말라기 3:12

성수주일과 십일조 헌금은 우리에게 신앙의 기본 중 기본으로 반드시 지켜야 할 일이라고 믿고 있다. 그것도 정확하게 10분의 1을 바치는 것이 성경적인 것처럼 교육받아왔다. 세계적인 부자로 알려진 록펠러Rockefeller가 자신의 십일조를 정확히 계산하기 위해 십일조 전담 회계사를 40명이나 고용했다는 미담과 함께 말이다.

이처럼 십일조를 엄중히 여기는 것처럼 성경은 왜 십일조를 중요하게 강조하는지 살펴보자. 구약성경에서 이스라엘 백성들에게 반드시 지켜야 한다고 강조하는 십일조, 안식일 그리고 희년은 그 안에 담고 있는 정신이 매우 닮아 있다.

구약의 마지막에 위치한 말라기에서는 마치 구약성경의 결론처럼 십일조를 강조하고 있다. 그 내용 속에서 십일조와 안식일과 희년을 지키라고 말씀하신 하나님의 간절한 마음을 읽어 보자.

신명기 14장 22절에 십일조에 대한 정의가 나온다. "매년 나오는 토지 소산의 10분의 1"이다. 곡식과 새 포도주와 기름의 십일조와 꿀과 밭의 모든 소산의 첫 열매, 각종 과목의 열매 등이다. 이 십일조는 당시 농경문화에 완벽하게 맞춰져 있었다. 그런데 이 십일조는 농사를 짓지 않던 이들, 자기 소산을 거둘 수 없는 이들에게도 적용되는 것이었을까?

그리고 신명기 14장 28절에는 3년마다 바쳐야 하는 십일조에 대해서 말하고 있다. 3년째 되는 해는 매년 드리는 십일조의 내용에 소와 양의 처음 난 것이 포함된다. 이 십일조는 목축을 하던 이들에게 적용되는 것이었는데, 자기 가축을 치지 못하던 이들에게는 적용되지 않는 것이었다.

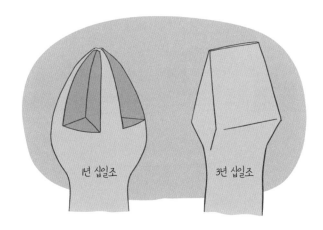

매년 드리는 십일조와 3년마다 드리는 십일조의 차이는 그것이 쓰이는 대상에서 잘 드러난다. 그 대상은 십일조의 핵심 정신이라 해도 과언이 아니다. 즉 매년 드리는 십일조의 대상은 너와 네 권속이며, 기업 없는 레위인도 돌보라고 말하고 있다.

일곱째 날은 네 하나님 여호와의 안식일인즉 너나 네 아들이나 네 딸이나 네 남종이나 네 여종이나 네 소나 네 나귀나 네 모든 가축이나 네 문 안에 유하는 객이라도 아무 일도 하지 못하게 하고 네 남종이나 네 여종에게 너 같이 안식하게 할지니라

신명기 5:14

"너와 네 권속"이라는 말은 안식일을 설명하는 신명기의 한 구절에서 확인할 수 있다. 권속에는 아들, 딸, 남종, 여종, 소, 나귀, 모든 가축, 문 안에 유하는 객을 모두 포함한다. 십일조는 이들에게 안식일의 정신이 살아나게 해 주어야 한다고 말하고 있다.

그렇다면 3년마다 드리는 십일조의 대상은 누구인가? "네 성중에 거류하는 객과 고아
와 과부들이 와서 먹고 배부르게 하라"고 강조한다. 이것을 모두 행하면 범사에 복을
주시겠다고 말하고 있다. 매년마다 드리는 십일조에 비해 훨씬 공공의 성격이 강화되
었다는 점이 인상적이다.

신명기는 십일조의 실천이 왕이나 제사장이나 권력자에 의해 평가된다고 말하지 않는
다. 오히려 아들, 딸, 남종, 여종, 소와 나귀 그리고 외부의 객들에 의해 평가된다고 말
하고 있다. 여기서 그치지 않고 내 집뿐 아니라 성중에 거류하는 객과 고아와 과부들
에 의해 평가된다고 강조한다.

내가 아닌 그들에 의해, 내가 받을 복이 결정된다는 것이다. 게다가 십일조는 레위인만을 위한 게 결코 아니었다. 오히려 레위인은 앞서 설명한 사람들이 받은 후에야 혜택을 받을 수 있었다.

십일조의 일부분을 갖고 고아와 과부와 나그네들을 조금 도와주는 정도가 아니었다. 십일조로 그들이 먹고 배부르게 해 주어야만 했다. 즉 가난한 이들에게 돈 몇 푼 쥐어 주는 게 아니라 더불어 살아가야 함을 강조하고 있다.

십일조의 실천에는 복음의 공공성이 강조되어 있다. 그 공공성을 구현하는 것이 온전한 십일조였다. 하나님의 창조 사건으로 시작된 성경은 말라기의 온전한 십일조 정신을 강조하면서 마무리하고 있다. 십일조와 안식일을 강조하는 우리는 과연 온전한 십일조와 온전한 안식일을 지키고 있다고 자부할 수 있을까?

내게 맡겨진 아들, 딸, 남종, 여종, 동물 그리고 내 곁에 머물고 있는 나그네들에게 십일조를 기꺼이 나누면서 그들이 안식할 수 있도록 해 주고 있는가?

사업을 하면서 이윤을 남기는 자에게는 권속에 해당하는 사람들이 있다. 이들의 기쁨이 십일조의 정신일 수 있다. 또한 이 땅의 나그네들이 있다. 그들의 즐거움이 십일조의 증거일 수 있다.

더 나아가 내 곁에 머무는 나그네뿐 아니라 우리나라에 머무는 나그네들과 고아와 과부들에게 십일조가 기꺼이 나누어져서 그들이 배부르게 먹고 마실 수 있게 해 주고 있는가?

하나님은 그제야 우리에게 복을 내려 주신다고 하신다. 그렇게 십일조를 나누며 내 주변과 우리 사회를 돌볼 때 비로소 하나님의 복이 임한다고 말씀하신다. 과연 우리는 온전한 십일조의 정신을 잘 지켜 나가고 있는가?

십일조의 공공성은 사라지고 자기만족과 자기중심적으로 복을 받기 위한 수단이나 강제된 율법 준수로서의 십일조가 우리 곁에 있는 것은 아닌가?

우리에게 익숙한 십일조와 성경이 말하는 십일조의 거리감은 얼마나 될까?

인간의 창조는
특권층을 위한 것이 아니라고 말한다.
특권층의 안식을 위해 죽도록
일해야 하는 것이 아닌, 차별 없이
모두가 안식을 누릴 수 있는
존재라고 말한다.

참 안식을
누리는 삶

일보다 소중한 것

하나님이 그 일곱째 날을 복되게 하사 거룩하게 하셨으니
이는 하나님이 그 창조하시며 만드시던 모든 일을 마치시고
그 날에 안식하셨음이니라
창세기 2:3

구약성경을 처음 읽었던 독자들에게 창세기의 인간 창조와 안식에 대한 내용은 지금 우리가 이해하는 것과는 확연히 달랐다. 특히 '안식' '쉼'에 대한 개념은 매우 급진적인 도전이었다. 성경은 처음 접하는 독자들이나 지금 우리에게도 마찬가지로 급진적이고 도전적인 책이다. 결코 익숙하고 편안한 책이 되어서는 안 된다.

다신교였던 고대 메소포타미아 신화 속 창조 설화에는 지위가 높은 신들이 편안히 쉬기 위해 지위가 낮은 신들이 쉼 없이 노동하는 장면이 있다.

어마어마한 노동의 강도는 신들도 감당하기 힘들었다. 불만이 쌓인 낮은 신들은 흙 운반용 삼태기를 내던지고, 연장을 부수고, 신들의 통치자의 집으로 쳐들어갔다. 상황은 급박하게 돌아갔고, 신들은 비상 회의를 소집했다.

지혜의 신이라 불리는 엔키는 신들의 쉼을 위해 인간을 창조했다. 산파의 여신 아루루
Aruru가 함께했고, 신들의 피와 정액을 흙에 섞어 인간이 창조되었다. 인간은 태어나면
서부터 죽도록 일하는 존재로 창조된 것이다.

고대 메소포타미아 문명에서 쉼은 신과 신의 현현인 왕만이 누릴 수 있는 특권이었다.
신과 왕의 쉼이 평범한 백성의 존재 이유였기에 인간은 결코 쉴 수 없었다.

백성들은 쉼 없이 열심히 일할 뿐 아니라 신과 왕을 경배해야 했다. 즉 왕과 소수의 특권층이 좀 더 편안하고 안락한 삶을 누리게 될 때 비로소 자신들의 존재 이유가 완성되는 것이었다.

이런 시대를 살아가던 사람들에게 창세기는 전혀 다른 이야기를 하고 있다. 인간이 여호와의 형상대로 창조되었다고 말한다. 게다가 여호와의 안식에 인간이 들어와 함께 누리자고 말하고 있다.

창세기는 인간의 창조가 특권층을 위한 것이 아니라고 말한다. 특권층의 안식을 위해 죽도록 일해야 하는 것이 아닌, 차별 없이 모두가 안식을 누릴 수 있는 존재라고 말한다. 이렇게 '안식'은 창세기를 이해하는 대단히 중요한 키워드다.

창세기의 창조 이야기에서 "저녁이 되고 아침이 되니 이는 몇 째 날이니라"라는 표현이 일곱째 날에는 등장하지 않는다. 모든 일을 마치고 안식하셨다고 끝맺고 있다. 여전히 하나님의 안식은 완전히 끝난 것이 아닌, 진행되고 있다는 열린 의미는 아닐까?

여기에서 그치지 않는다. 오히려 인간을 창조하기 위해 하나님이 노동을 하고 계신다. 더 나아가 창조한 인간의 안식을 위해 하나님은 노동을 멈추지 않으신다. 고대 메소포타미아에 만연한 인간과 신의 세계관에서는 상상조차 힘든 대반전의 메시지였다.

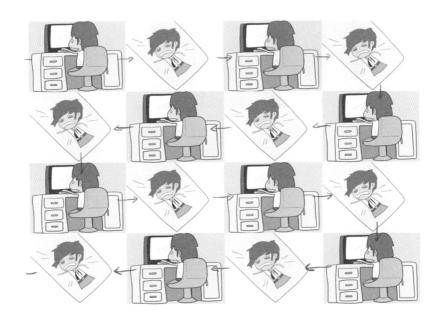

지금도 우리는 고대 메소포타미아나 이집트인처럼 쉼 없이 노동하는 운명 같은 삶을 살아가고 있다. 안식의 의미를 찾을 겨를도 없이, 제대로 누리지도 못한 채 살아가고 있다.

고대 메소포타미아의 세계관에 대반격을 가했던 창세기의 인간 창조와 안식의 메시지는 오늘을 살아가는 우리에게 어떤 의미일까? 하나님의 창조 목적을 찾아 참 안식을 누리는 삶을 살아내야 한다.

그런데 지금 우리의 안식은 어떤 모습인가? 창세기에서 말한 안식과 창세기의 첫 독자들이 읽었던 안식이 오늘 우리에게는 어떤 의미인가? 안식일 규정출애굽기 20:8~11, 신명기 5:12~15을 보면 하나님을 향한 종교 행위조차도 찾아볼 수 없다는 것은 많은 것을 생각하게 한다.

자신을 향한 제사조차도 강제하지 않았던 구약성경의 안식을 우리는 어떻게 이해해야 할까? 이른 아침부터 늦은 저녁까지 정신없이 보내야 하는 각종 예배와 프로그램이 과연 하나님이 우리에게 주신 안식의 정신을 제대로 실천하는 것인지 돌아봐야 할 때다.

18개의 짧은 내용으로 구약성경 전체를 다루기는 불가능하다.

그러나 성경이 쓰인 당시 사람들에게는 성경이 어떻게 다가왔을지 맛볼 수 있었을 것이다. 무엇보다 하나님은 힘 있고 권세 있고 풍족한 이들보다 나그네, 이방인, 여성, 노동자, 마이너리티, 상처 받은 사람, 연약한 사람, 소외된 사람 등 낮은 자에게 온 관심이 있으셨다는 것을 이해할 수 있었다면 이 책의 소임을 다한 것이다.

하나님의 참 안식이 함께하시길!

에필로그

- 광대뼈

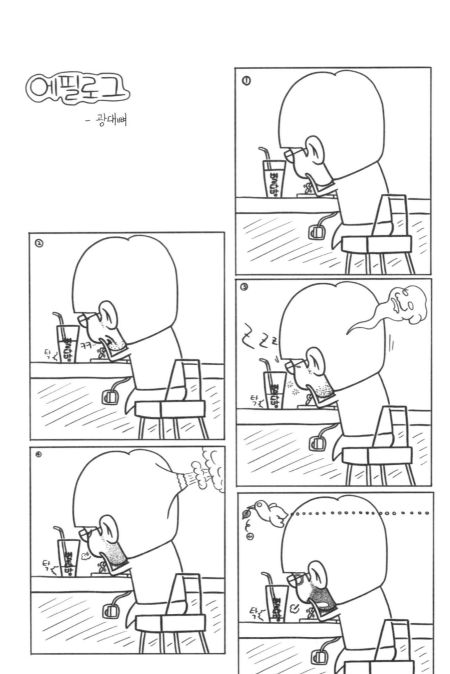

예전에 어린이 설교를 준비하기 위해 그림을 그리다가 문득 이런 생각을 한 적이 있다.

'아, 행복하다.'

그때 이런 기도를 드렸다.

'하나님, 그림 그리며 살았으면 좋겠어요.'

어쩌면 이번 작업은 그 응답일지도 모르겠다. 김동문 목사님은 시대와 문화를 뛰어넘어 성경을 읽을 수 있도록 정말 좋은 글을 써주셨다. 나는 그 글을 보다 재미있고 입체적으로 전달하기 위해 노력했다. 사람을 그릴 때면 그 사람의 마음이 고스란히 느껴져 함께 웃고 울었다. 시대와 사람을 향한 하나님의 마음도 펜 끝으로 전달되었다. 어떤 장면은 꼭 내 이야기, 내 마음 같아서 잠시 펜을 내려놓고 멍하니 창밖만 바라보기도 했다. 이 책에 여러분의 이야기도 담겨 있을 것이라 생각한다. 내가 그림을 그리면서 경험한 위로와 은혜가 독자 여러분에게도 전달되기를 기도한다.

부족한 사람에게 귀한 글을 맡겨 주신 김동문 목사님, 자신감 갖고 그릴 수 있도록 항상 아낌없이 격려해 주신 김상현 목사님, 어려운 상황 가운데에서도 연약한 후배 목사에게 기회를 주신 이건희 목사님, 일하면서 그림을 그릴 수 있도록 책상 한 자리를 기꺼이 내어준 나의 든든한 친구 이기봉, 옆에서 믿고 지켜봐 주며 아이디어가 막힐 때마다 조언을 해 준 사랑하는 아내 유경, 늘 기도해 주시는 사랑하는 엄마 김정화 권사님, 그리고 옆에서 응원해 주신 모든 분들께 감사의 마음을 생명 다해 전한다.

마지막으로 나의 하나님…,

감사합니다.

2018년 11월 어느 늦은 밤

사당역 10번 출구 별다방 3층 창가 자리에서 **신 현 욱**

낮은 자의 하나님을 만나는
중근동의 눈으로 읽는 성경 구약편

초판 1쇄 발행 2018년 12월 10일
초판 4쇄 발행 2020년 3월 23일

지은이 김동문
그린이 신현욱
펴낸이 이재원

펴낸곳 선율
출판등록 2015년 2월 9일 제 2015-000003호
주소 경기도 구리시 동구릉로 148번길 15
전자우편 1005melody@naver.com
전화 070-4799-3024   팩스 0303-3442-3024
인쇄 · 제본 성광인쇄

ⓒ 김동문 · 신현욱, 2018

ISBN 979-11-88887-02-6   03230

값 16,000원